VEGAN
kochen
Essen neu denken

Impressum

Für uns, den GrünerSinn-Verlag, ist nachhaltiges Handeln wegweisend. Deshalb achten wir bei der Herstellung ganz besonders auf umweltfreundliche, ressourcenschonende und schadstoffarme Produktionsweisen und Materialien. So kommen Papiere aus nachhaltiger Forstwirtschaft zum Einsatz und für die Druckproduktion werden nur erneuerbare Energien und reine Pflanzenölfarben verwendet. Dieses Buch wurde in Deutschland gedruckt und gebunden.

© 2023 GrünerSinn-Verlag, Gütersloh
Alle Rechte vorbehalten. Nachdruck, auch auszugsweise, sowie Verbreitung durch Bild, Funk, Fernsehen und Internet, durch fotomechanische Wiedergabe, Tonträger und Datenverarbeitungssysteme jeder Art nur mit schriftlicher Genehmigung des Verlages.

Konzept und Text: Lea Green
Satz & Layout: Anabell Jung
Lektorat: GrünerSinn-Verlag
Korrektorat: Nina Hensdiek
Fotos: Lea Green
Herstellung: Sigert GmbH Druck- und Medienhaus, Braunschweig

ISBN: 978-3-946625-60-5
1. Auflage 2023, GrünerSinn-Verlag
www.gruenersinn.de

VEGAN kochen

Lea Green

Essen neu denken

GrünerSinn Verlag

Foto: Alexander Villena

Widmung

Dieses Buch ist allen meinen lieben Fans, Lesern und Followern gewidmet, die mich schon seit so vielen Jahren begleiten. Ich danke euch von Herzen für eure Unterstützung und Treue. Der Austausch mit euch, euer positives Feedback und eure begeisterten Erlebnisberichte erfüllen mich jedes Mal wieder mit Freude und inspirieren mich zu immer weiteren Rezept-Ideen. Und natürlich widme ich dieses Buch all denjenigen, die sich gerade auf den Weg machen, mit einer gesunden, veganen Ernährung und Lebensweise zu mehr Vitalität, Wohlbefinden und Einklang mit sich selbst zu finden. Schön, dass ihr dabei seid!

Foto: Oliver Reetz

„Leas Küchenkreationen begleiten mich schon viele Jahre und inzwischen ist sie nicht nur eine tolle Kollegin, sondern auch eine herzliche Freundin geworden. Lea beherrscht die Kunst, saisonale Zutaten immer wieder neu und kreativ zuzubereiten, ohne kompliziert oder aufwendig zu kochen. Schon allein die tollen Foodfotos machen Lust, sofort in die Küche zu hüpfen und loszulegen. Umso mehr freue ich mich auf dieses neue Kochbuch!"

Carmen Hercegfi, vegane Ernährungsberaterin & Kochbuchautorin

Foto: Lars Walther

„Ich schätze an Leas Rezepten vor allem die Vielfalt an frischem, saisonalen Obst und Gemüse, die dort Anwendung findet. Egal, ob du winterliche Würze oder sommerliche Frische suchst, ob dein Gericht süß oder herzhaft sein soll — Leas farbenfrohe und oberleckere Kreationen halten für jeden etwas bereit. Diese abwechslungsreichen Aromen machen Bock auf mehr!"

Alexander Flohr, veganer Youtuber, Blogger & Kochbuchautor

Foto: Sascha Koglin

„Leas Rezepte sind eine großartige Bereicherung für alle, die gerne pflanzlich, gesund und abwechslungsreich genießen. Wie ich selbst auch, so liebt es Lea, immer im Einklang mit den Jahreszeiten zu kochen. Umso schöner finde ich es, dass Leas neues Kochbuch saisonal gegliedert ist. So kann man sich passend zu jeder Jahreszeit neu inspirieren lassen."

Bianca Zapatka, vegane Foodbloggerin & Bestsellerautorin

Foto: Claudia Weingart

„Leas Arbeit ist für mich Inspiration pur! Ihre Küche ist raffiniert und kreativ, dennoch alltagstauglich und einfach lecker. Ihre ansprechenden Foodfotos setzen ihre Rezepte perfekt in Szene. Wenn es eine Köchin in Deutschland gibt, deren Kochbücher ich uneingeschränkt – und ohne Wenn und Aber – empfehlen kann, dann sind das Leas Bücher. Viel Freude beim Nachkochen und Genießen!"

Niko Rittenau, veganer Ernährungsexperte, Bestsellerautor & Speaker

Foto: Anna-Lena Ehlers

„Mit ihren kreativen Gerichten und ihren wunderschönen Fotos hat Lea mich sofort berührt. Ob prall gefüllte Süßkartoffeln, leuchtend grüne Spinat-Pfannkuchen oder nährstoffreiche Säfte: Ihre Kreationen sind für mich der Inbegriff von gutem Essen. Das macht unglaublich viel Lust auf die pflanzliche Küche. Dieses Kochbuch wird bei mir immer einen Ehrenplatz haben – im Regal und im Herzen!"

Elisa Brunke, vegane Foodbloggerin & Kochbuchautorin

Foto: Hansi Heckmair

„Leas Küche sieht nicht nur schön aus, sondern sie schmeckt auch ganz wunderbar und ist gleichzeitig super ausgewogen und gesund. Einfach eine perfekte Kombination – das erhalten wir auch immer wieder als Rückmeldung von den vielen glücklichen Teilnehmer*innen von „Leas ToGo Masterclass"."

Sebastian Copien, veganer Profikoch,
Bestsellerautor und Gründer von www.vegan-masterclass.de

VEGAN KOCHEN

ESSEN NEU DENKEN

Wie schön, dass du hier bist! Mit diesem Kochbuch tauchst du in eine bunte Genusswelt ein, die Geschmack und Gesundheit als Lebensgefühl feiert. Denn für mich bedeutet die vegane Ernährung, für das eigene Wohlbefinden von morgen zu kochen und im Einklang mit den Jahreszeiten die ganze Bandbreite und Ursprünglichkeit pflanzlicher Lebensmittel zu genießen. Du wirst staunen, wie viele Genussmomente du mit frischen und natürlichen Zutaten, fernab von industriellen Fertigprodukten, schaffen kannst. Gemeinsam kochen wir Gerichte, die alle Sinne ansprechen und den Gaumen mit großartigen Aromen verwöhnen.

Heutzutage sind vegane Fertiggerichte, Ersatzprodukte und sogenannte „Superfoods" allgegenwärtig. Es spricht auch nichts dagegen, wenn ab und zu Convenience-Food in deinem Einkaufswagen landet und du gelegentlich zum veganen Hack oder Schnitzel greifst. Doch den besten Geschmack und das wahre Superfood bietet uns die Natur selbst. Mir ist es daher wichtig, dir zu zeigen, dass die vegane Küche ganz eigenständig und dabei unfassbar vielseitig ist, sodass du grundsätzlich auf alle industriellen Produkte verzichten kannst. Lass uns nicht mehr nach Alternativen suchen oder die klassische Mischkostküche nachahmen, sondern einen souveränen, inspirierenden Kochstil feiern, der köstlich schmeckt und uns gleichzeitig Kraft und Energie schenkt. Es geht also darum, Essen, wie wir es von klein auf kennengelernt haben, neu zu denken und zu erfahren. Knackiges Gemüse, proteinreiche Hülsenfrüchte, vielseitiges Getreide, wandelbare Pilze, glutenfreie Saaten, leckere Nüsse, Tofu, Tempeh und frisches Obst werden mit aromatischen Gewürzen und Kräutern zum neuen Star auf deinem Teller. Entdecke einen Speiseplan, so bunt wie der Regenbogen!

IM EINKLANG MIT DEN JAHRESZEITEN

Vegan zu kochen muss dabei weder teuer noch kompliziert sein. Meine Küchenphilosophie lässt sich so zusammenfassen: Essen soll fantastisch schmecken, richtig satt machen, den Körper mit allen wichtigen Nährstoffen versorgen und sich problemlos in den Alltag integrieren lassen. Und genau das kann eine rein pflanzliche Ernährung. Es ist viel einfacher, als du vielleicht denkst, und ich zeige dir, wie es geht. Deshalb ist dieses Buch auch nach den vier Jahreszeiten gegliedert. So findest du für jede Saison tolle Rezeptideen mit saisonalen Zutaten. Und das ist nicht nur ökologisch sinnvoll. Ware, die regional verfügbar ist, kannst du frischer und günstiger einkaufen als importierte. Außerdem entsprechen die allermeisten saisonalen Zutaten viel stärker unseren eigentlichen Bedürfnissen zur entsprechenden Jahreszeit. Denn während wir im Sommer eher Lust auf frische Salate, saftiges Obst und leichte Gerichte haben, verlangt dein Körper zur kalten Jahreszeit nach deftigem Essen, wärmenden Suppen und reichhaltigen Speisen, um Wind und Wetter besser standzuhalten.

RUNDUM VERSORGT

Meine Rezepte versorgen dich mit allen wichtigen Nährstoffen, Vitaminen und Proteinen, damit du dich rundum wohl und leistungsstark fühlst. Dabei ist die Bandbreite der Gewürze, die ich hier verwende, überschaubar und meine Lebensmittel kaufe ich ganz einfach auf dem Markt, im Bioladen und im Supermarkt um die Ecke ein. Ich kombiniere clever und koche kreativ, aber selten exotisch und nie kompliziert. Viele Rezepte in diesem Buch sind glutenfrei und auf weißen Industriezucker verzichte ich völlig. Süßen Naschereien verleihe ich hingegen gerne einen kleinen gesunden Twist, etwa eine Extraportion Protein. So kannst du nach Herzenslust gesund schlemmen, deine Liebsten mit herrlichen Wohlfühlgerichten verwöhnen und selbst Nicht-Veganer zum Staunen bringen.

DAS PLUS AN GENUSS

Um die vegane Küche zu komplettieren, findest du in diesem Buch ein Kapitel, das ausschließlich Dressings, Saucen und Marinaden zum Thema hat. Saucen jeglicher Art sind mein i-Tüpfelchen für noch mehr Abwechslung auf dem Teller. So kannst du Salaten, Grillgut oder Bowls immer wieder eine neue Geschmacksrichtung geben. Auch dem Sprossenziehen, dem gesunden Saftpressen sowie dem Einlegen und Fermentieren habe ich jeweils ein Sonderkapitel gewidmet. Im Zusammenspiel mit den jahreszeitlichen Rezepten steht dir somit ein riesiges Repertoire an Möglichkeiten zur Verfügung, um dich vollwertig zu ernähren, dein Immunsystem zu stärken und spannende Geschmäcker zu erkunden. Bis auf einfache Keimgläser, einen sogenannten Slow Juicer sowie einen Hochleistungsmixer benötigst du nur eine ganz klassische Küchenausstattung, um wirklich alle Rezepte in diesem Buch zuzubereiten.

Bist du bereit für diese spannende kulinarische Reise? Dann lass uns loslegen! Die vegane Ernährung wird dir Freude am Kochen, mehr Gesundheit und ein ganz neues Wohlbefinden schenken. Genieße es in vollen Zügen!

Herzlichst, *deine Lea*

DAS ERWARTET DICH

Dressings, Saucen & Marinaden	18
So schmeckt der Frühling	34
Säfte & Infusions	68
Das Aroma des Sommers	82
Einlegen & Fermentieren	118
Bunte Herbstlaune	128
Keimlinge & Sprossen	164
Köstliche Winterfreuden	180

DRESSINGS, SAUCEN & MARINADEN

Cremiges Seidentofu-Dressing	20
Klassische Salatvinaigrette	21
Milde Cocktailsauce	22
Thousand-Island-Dressing	24
Vielseitige Cashewsauce	25
Exotische Erdnusssauce	26
Beliebtes Caesar-Dressing	27
Mild-würzige Weißweinsauce	28
Universelle herzhafte Marinade	30
Geniale Sauce hollandaise	31
Vegane Bratensauce	32

SO SCHMECKT DER FRÜHLING

Zauberhafte Spargel-Kokos-Suppe mit Zitronengras	36
Kerniges Saatenbrot	38
Schnelle Frühlings-Karottenrösti	40
Flinke Hirsepfanne mit Spargel und Brokkoli	42
Krosse Kartoffelecken mit Joghurt-Dill-Dip	44
Leckeres Linsen-Dal mit Spinat-Pancakes	46
Grüne Spinat-Pancakes	48
Vegane Sushi-Sandwiches mit Rote Bete-Wasabi-Sauce	50
Frühlingshaftes Kräuteromelette mit Spargel und Hollandaise	54
Gewaffelter Tofu mit Bohnenchili	56
Selbst gemachte Schupfnudeln mit Bärlauch und Champignons	58
Verlockendes Kirschtiramisu im Glas	60
Feiner Erdbeerkuchen mit fluffigem Biskuit	62
Weiche Buchweizen-Crêpes mit Rhabarber	64
Geliebter Zitronenkuchen	66

SÄFTE & INFUSIONS

Pure Green	72
Skincare	73
Thrive	74
Mild Beauty	75
Holistic	76
Sunny Day	77
Awaken	78
Immunbooster	79
Hot Carrot	80
Hygge	81

DAS AROMA DES SOMMERS

Kühlende Gazpacho für heiße Tage	84
Sättigende Burrito-Bowl mit Erdnuss-Dressing	86
Gefüllte Muschelnudeln mit Tofu und Löwenzahn	88
Sommerliche Polenta-Pizza	90
Bunte Mango-Quinoa-Bowl	92
Saftiger Tofu-Black-Bean-Burger	94
Knusprige Sommer-Galette mit Tomaten	98
Spanische Paella für die ganze Familie	100
Gebackene Miso-Auberginen mit Couscous	102
Deftige Grill- und Bratspieße mit Tsatsiki	104
Unwiderstehliche Aprikosen-Kokos-Muffins mit Lavendel	106
Gefrorene Joghurt-Beeren-Schnitten	108
Weiße Schokomousse-Tartelettes mit Beeren	110
Herrliche Brombeer-Schnitten mit Streuseln	112
Erfrischende Grapefruit-Granita	114
Vanilliger Käsekuchen mit Heidelbeeren	116

EINLEGEN & FERMENTIEREN

Fermentieren – so geht's	120
Klassisches Kimchi	122
Pickles – so geht's	124
Pinke Zwiebeln	127
Saure Gurken	127
Bunte Paprika	127

BUNTE HERBST LAUNE

Herbstliche Quiche mit italienischem Stängelkohl	130
Cremiger Rote Bete-Hummus mit Ofenfenchel	134
Fluffige Spinatpfannkuchen mit Kürbis, Rotkraut u. Cashewcreme	136
Verführerische Spaghetti alla Carbonara	138
Superleckerer Resterl-Pfannkuchen	140
Raffinierter Butternut Hasselback mit Salbei	142
Bunte Gartenfocaccia	144
Gefüllte Süßkartoffeln aus dem Ofen	146
Ganze Artischocken zum Dippen	148
Proteinreiche Vollkornpasta mit Linsenbällchen	150
Zauberhafte Kürbisbrötchen	152
Süßer Milchreis mit heißen Zimt-Zwetschken	156
Aromatisches Birnenkompott	158
Fabelhafter Bananenkuchen	160
Duftender Apfel-Quark-Strudel mit Vanillesauce	162

KEIMLINGE & SPROSSEN

Gekeimtes Buchweizen-Granola	168
Gekeimtes Quinoa-Porridge mit Erdbeeren	169
Gekeimter Falafel-Burger	170
Gekeimte Buchweizen-Pizza	172
Gekeimte Linsenbuletten	174
Gekeimter Hummus	175
Gekeimtes Linsen-Dal mit Brunnenkresse	176
Gekeimte Mungbohnen-Dosas mit Currykartoffeln	178

KÖSTLICHE WINTER FREUDEN

Herzhaftes Grünkohl-Nuss-Brot	182
Winterliche Maronenpasta mit Rosenkohl	184
Würzige Apfel-Sellerie-Suppe mit Meerrettich	186
Sahniges Steckrübengratin mit Grünkernbolognese	188
Deftige Wirsingrouladen mit Kürbisreis in Weißweinsauce	192
Traditionelles Apfelrotkraut	194
Halb-und-halb-Kartoffelklöße mit Brotkern	196
Grüne Bohnen-Päckchen im Reispapier-Speck	198
Weihnachtlicher Linsenbraten im Blätterteigmantel	200
Geschmortes Orangenrotkraut auf Pastinakenpüree	204
Zarte Schokocrêpes mit heißen Orangenfilets	206
Traumhaftes Spekulatius-Apfel-Tiramisu aus dem Glas	208
Festlicher Stollen	210
Gefüllte Bratäpfel mit Marzipan und Nüssen	212

ÜBER DIE AUTORIN

Lea und Anabell – das Power-Duo hinter diesem Buch	214

DRESSINGS, SAUCEN & MARINADEN

DRÜBER TRÄUFELN, GLÜCKLICH SEIN

„Hast du denn wohl genug Salat in der Sauce, Kind?" So kommentierte mein Papa früher oft lachend meine offensichtliche Leidenschaft für raffinierte Dressings, köstliche Saucen und cremige Dips. Auch bei Pasta, Knödeln, Kartoffeln und Co. durfte es immer gern eine Extraportion davon sein – und das hat sich nie geändert. Bis heute gehöre ich zu den Menschen, die noch das letzte bisschen Sauce mit Brot vom Teller wischen und genießen. Geht es dir auch so?

Dressings, Saucen und Marinaden machen jedes Essen besonders. Ich könnte leicht ein ganzes Buch über meine Saucenliebe schreiben, möchte dir hier aber zumindest eine Auswahl meiner absoluten Favoriten zeigen. Sie verleihen deinen Salaten und Bowls immer wieder einen neuen Geschmackskick und heben das fabelhafte Aroma frischer Zutaten hervor. Ich nutze Saucen und Dressings natürlich auch als Dip für Rohkost, zum Verfeinern von Wraps, Tacos oder Pfannkuchen und für viele andere Gerichte.

Ich verrate dir außerdem, wie man eine großartige Marinade macht. Mit dieser würze ich Tofu und Tempeh, streiche Grillgemüse damit ein oder benutze sie beim Zubereiten von Bratlingen oder Burger-Patties. Sie ist so gut, dass sie auch als Dip ein Highlight beim Grillen ist. Zu guter Letzt dürfen zwei Klassiker nicht fehlen: Die perfekte dunkle Bratensauce sowie eine herrlich cremige Weißweinsauce für herzhafte Gerichte und Rezepte, die mit Sauce einfach noch viel besser schmecken. Los geht's!

10 MIN. ZUBEREITUNGSZEIT

FÜR 4 PORTIONEN

GLUTENFREI

Cremiges
SEIDENTOFU DRESSING

Schmeichelt jedem Salat, verfeinert deine Bowls und funktioniert mit seiner samtigen Konsistenz auch ganz wunderbar als Dip.

Zutaten

200 g Seidentofu (oder ungesüßter Pflanzenjoghurt)
1 TL scharfer Senf
1 EL Tamari
2–3 EL Hefeflocken
1 TL Apfeldicksaft (oder Agavendicksaft oder Reissirup)
4 EL Apfelessig (oder 3 EL Kräuteressig)
1 TL gerebelte Kräuter der Provence
Chiliflocken nach Belieben
optional: ungesüßter Pflanzendrink

1 Alle aufgelisteten Zutaten im Mixer cremig pürieren.

2 Dressing mit Pflanzendrink oder Wasser individuell strecken. Mit Apfelessig und Tamari abschmecken.

Genuss Tipp:

Du kannst nach Belieben frische Kräuter unterrühren, etwa gehackte Petersilie, aber auch Basilikum oder Koriander.

15 MIN. ZUBEREITUNGSZEIT
FÜR 4–5 PORTIONEN

SOJAFREI GLUTENFREI

Klassische
SALAT VINAIGRETTE

Der Dressing-Klassiker für frische bunte Salate, aber auch ideal für Kartoffelsalat. Gib die Vinaigrette warm zu den gekochten Kartoffeln, hebe noch klein geschnittene saure Gurken unter – fertig zum Genießen!

Zutaten

1–2 Schalotten (oder 1 kleine oder 1/2 Zwiebel)
200 ml Gemüsebrühe
2–3 EL Apfelessig (oder Kräuteressig)
2 EL Lake von sauren Gurken
2 TL scharfer Senf
optional: 1 TL Agavendicksaft (oder Reissirup)
1 Prise Salz
schwarzer Pfeffer aus der Mühle
3 EL hochwertiges, fruchtiges Olivenöl
1 kleines Bund frischer Schnittlauch (oder Petersilie)

1 Schalotten abziehen und ganz fein würfeln. In eine hitzefeste Schale geben und mit warmer Brühe übergießen.

2 Apfelessig, Gurkenlake, Senf, Agavendicksaft sowie Salz und Pfeffer mit einem Schneebesen untermischen. Unter Rühren das Olivenöl nach und nach hinzugießen.

3 Schnittlauch in feine Röllchen schneiden und untermengen. Vinaigrette mit Salz und Essig abschmecken.

Milde COCKTAIL SAUCE

15 MIN. ZUBEREITUNGSZEIT
≥ 4 STD. EINWEICHZEIT

FÜR 4–6 PORTIONEN

Ein grandioser Dip für gebratenes Gemüse sowie jegliche Art von Fleischersatz. Liebt Gegrilltes und punktet mit feiner Fruchtnote bei Bowls und Salaten.

Zutaten

100 g Cashewkerne
1/2 Knoblauchzehe
    (oder 1/2 TL Knoblauchpulver)
1 TL scharfer (Estragon-)Senf
1–2 EL Zitronensaft
1 EL Tamari
1/2 EL Tomatenmark
1 TL Agavendicksaft (oder Reissirup)
2 EL Olivenöl
1–2 EL Lake von sauren Gurken
1/2 TL edelsüßes Paprikapulver
1 Prise Cayennepfeffer
1 TL frischer Majoran (oder gerebelt)
1 TL frischer Oregano (oder gerebelt)
optional: 1–2 TL Sherry
    bzw. Spanischer Likörwein
50–70 ml ungesüßter Pflanzendrink
    + etwas mehr zum Verdünnen

1 Cashewkerne über Nacht, mindestens aber 4 Stunden in Wasser einweichen. Anschließend das Wasser abgießen und die Kerne gründlich abspülen.

2 Knoblauch abziehen und zusammen mit den eingeweichten Cashews sowie allen weiteren Zutaten im Mixer zu einer cremigen Sauce pürieren.

3 Sauce mit Pflanzendrink oder Wasser nach Belieben verdünnen. Mit Zitronensaft, Gurkenlake und Salz individuell abschmecken.

15 MIN. ZUBEREITUNGSZEIT FÜR 4–6 PORTIONEN

GLUTENFREI

Thousand ISLAND DRESSING

Reichhaltiges Dressing, das auch bittere, etwas derbere Salate sowie Bowls mit viel Rohkost mild verfeinert. Dazu ein toller Artischocken- oder Gemüsedip.

Zutaten

1–2 Schalotten (oder 1 kleine oder 1/2 Zwiebel)
50 g saure Gurken
1–2 EL Kapern
200 g ungesüßter Pflanzenjoghurt
2 TL Tomatenmark
2 TL mittelscharfer körniger Senf
2 EL Lake von sauren Gurken
2 EL Apfelessig
1–2 TL Apfeldicksaft
 (oder Agavendicksaft oder Reissirup)
1 Prise Salz
schwarzer Pfeffer aus der Mühle
1 Prise geräuchertes Paprikapulver
1/2 TL Knoblauchpulver
 (oder 1 kleine frisch gepresste Knoblauchzehe)

1 Schalotten abziehen und ebenso wie die sauren Gurken fein würfeln. Die Kapern klein hacken.

2 Pflanzenjoghurt mit Tomatenmark, Senf, Gurkenlake, Apfelessig, Apfeldicksaft und den Gewürzen im Mixer pürieren.

3 Schalotten-, Gurken- und Kapernstücke untermengen. Dressing mit Wasser oder Pflanzenjoghurt nach Belieben verdünnen. Mit Salz und Apfelessig abschmecken.

DRESSINGS, SAUCEN & MARINADEN

10 MIN. ZUBEREITUNGSZEIT
≥ 4 STD. EINWEICHZEIT

FÜR 4–6 PORTIONEN

SOJAFREI GLUTENFREI

Vielseitige CASHEW SAUCE

Saucen-Allrounder für Burger, Wraps, Bowls und Salate. Auch vorzüglich zum Beträufeln herzhafter Pancakes, von Sushi-Variationen oder Tacos.

Zutaten

80 g Cashewkerne
1 kleine Knoblauchzehe
1 EL Tahini
2 EL ungesüßter Pflanzenjoghurt
1/2 TL scharfer Senf
2–3 EL Apfelessig
1 Prise Salz
70–100 ml ungesüßter Pflanzendrink (z. B. Haferdrink)
   + etwas mehr zum Verdünnen
Zitronensaft zum Abschmecken

1 Cashews über Nacht, mindestens aber 4 Stunden in Wasser einweichen. Anschließend das Wasser abgießen und die Kerne abspülen.

2 Knoblauch schälen und zusammen mit den eingeweichten Cashews in einen Mixer geben. Tahini, Joghurt, Senf, Apfelessig, Salz sowie den Pflanzendrink hinzufügen und alles cremig pürieren.

3 Sauce mit Pflanzendrink oder Wasser nach Belieben verdünnen. Mit Salz und Zitronensaft abschmecken.

15 MIN. ZUBEREITUNGSZEIT

FÜR 4 PORTIONEN

SOJAFREI GLUTENFREI

Exotische
ERDNUSS SAUCE

Köstliche Sauce für asiatische Gerichte, Salate und Bowls. Zudem unschlagbar lecker zu gebratenem Tofu, Tempeh und bunten Sommerrollen.

Zutaten

70 g Erdnussmus
200 ml Kokosmilch
1 kleine Knoblauchzehe
10 g frischer Ingwer
2–3 EL Tamari
1 TL Reissirup (oder Agavendicksaft)
2 EL Reissessig
1 Prise Salz
Chiliflocken nach Belieben
optional: Pflanzendrink zum Verdünnen
1–2 TL Limettensaft zum Abschmecken

1 Erdnussmus mit der Kokosmilch in einem Topf erhitzen. Knoblauch abziehen und pressen, den Ingwer schälen und reiben. Beides in den Topf geben, mit einem Schneebesen einrühren und erwärmen.

2 Sauce mit Tamari, Reissirup, Reisessig, einer Prise Salz und Chiliflocken würzen. Dann den Topf vom Herd nehmen.

3 Ist die Sauce abgekühlt zu dickflüssig, etwas Planzendrink oder Wasser hinzugeben. Mit Salz und Limettensaft abschmecken.

15 MIN. ZUBEREITUNGSZEIT

FÜR 4 PORTIONEN

GLUTENFREI

Beliebtes
CAESAR DRESSING

Italienisch-amerikanischer Saucen-Star für den beliebten Caesar Salad. Perfekt für grüne Salate, zu reichhaltigen Bowls oder als Dip für Artischocken.

Zutaten

100 g Kichererbsen (frisch gekocht oder aus der Dose)
1 kleine Knoblauchzehe
1–2 TL mittelscharfer (Estragon-)Senf
1 EL Kapern
1 EL Tamari
1 EL Hefeflocken
optional: 1 TL Sherry bzw. Spanischer Likörwein
1 EL Cashewmus (oder helles Mandelmus)
3 EL Olivenöl
150 ml ungesüßter Pflanzendrink
   + etwas mehr zum Verdünnen
1–2 TL Zitronensaft (oder Apfelessig) zum Abschmecken

1 Die Kichererbsen abspülen und den Knoblauch schälen. Zusammen mit allen weiteren Zutaten im Mixer zu einem cremigen Dressing pürieren.

2 Soll die Konsistenz etwas leichter sein, nach Belieben Wasser oder Pflanzendrink hinzugeben. Mit Zitronensaft oder Apfelessig sowie Salz abschmecken.

Mild würzige WEISSWEIN SAUCE

20 MIN. ZUBEREITUNGSZEIT
FÜR 4 PORTIONEN

SOJAFREI

Leichte helle Cremesauce für vegane Gargerichte jeglicher Art. Überzeugt ebenso zu Pasta und ist die ideale Basis für veganes Frikassee.

Zutaten

50–60 g weiße Zwiebeln
1 Knoblauchzehe
100–120 g Knollensellerie
1–2 EL Olivenöl
25 g Dinkelmehl, Type 630
  (oder Weizenmehl, Type 550)
130 ml Weißwein
200 ml Gemüsebrühe
2 gehäufte EL Hefeflocken
1 EL helles Mandelmus
  (oder Cashewmus)
1 Prise Salz
1 Prise weißer Pfeffer
100 ml ungesüßter Pflanzendrink
  + etwas mehr zum Verdünnen
1–2 TL Zitronensaft zum Abschmecken
optional: 2 EL Petersilie

1 Zwiebeln, Knoblauchzehe und Sellerie schälen und würfeln.

2 Öl in einer Pfanne erhitzen. Zwiebel- und Knoblauchwürfel anschwitzen. Selleriewürfel dazugeben und einige Minuten anbraten. Mehl über die Zutaten pudern und mit Weißwein ablöschen. Mit einem Schneebesen kräftig rühren.

3 Die Gemüsebrühe angießen. Hefeflocken, Mandelmus, Salz und Pfeffer hinzufügen und die Sauce ein paar Minuten sachte köcheln lassen.

4 Die Weißweinsauce unter Zugabe von 100 ml Pflanzendrink pürieren. Mit Salz sowie Zitronensaft abschmecken und mit Pflanzendrink beliebig verdünnen. Wer mag, rührt noch etwas gehackte Petersilie unter.

10 MIN. ZUBEREITUNGSZEIT
FÜR 6 PORTIONEN

GLUTENFREI

Universelle
HERZHAFTE MARINADE

Gibt veganem Grill- wie Bratgut die richtige Würze und glänzt als Grill-Dip. Ideal zum Braten von Burger-Patties, für Tofu, Tempeh oder Seitan.

Zutaten

1 Knoblauchzehe (oder 1/2 TL Knoblauchpulver)
3 EL Rapsöl
   + etwas mehr zum Verdünnen
2 EL Tomatenmark
2 EL dunkler Balsamicoessig
3 EL Tamari
1 TL scharfer (Estragon-)Senf
1–2 TL Ahornsirup
1 EL Limettensaft (oder Zitronensaft)
1/2 TL geräuchertes Paprikapulver
1 TL edelsüßes Paprikapulver
1 TL Kreuzkümmel
2 TL gerebelte Kräuter der Provence
1 Prise Salz
Chiliflocken nach Belieben
1–2 TL dunkle Misopaste
optional: 1 EL Sriracha-Sauce (scharfe Chilisauce)

1 Die Knoblauchzehe abziehen und pressen.

2 Knoblauch mit allen weiteren Zutaten zu einer Marinade verrühren. Mit Salz abschmecken und nach Belieben mit etwas mehr Pflanzenöl strecken.

15 MIN. ZUBEREITUNGSZEIT
≥ 4 STD. EINWEICHZEIT
FÜR 4–6 PORTIONEN

SOJAFREI   GLUTENFREI

Geniale SAUCE HOLLANDAISE

Wer Sauce hollandaise hört, denkt unweigerlich an weißen Spargel. Gut zu wissen aber, dass der Klassiker auch hervorragend zu gedämpftem oder gebratenem Gemüse, zu Pfannkuchen, Quiches und Omelettes passt.

Zutaten

100 g Cashewkerne
1 kleine oder 1/2 Knoblauchzehe
2 EL Tahini
3 EL Hefeflocken
1 TL scharfer Senf
2 EL Zitronensaft
1 Prise Salz
1 Prise Pfeffer
1 Prise Kurkumapulver
Abrieb 1/2 Bio-Zitrone
   200 ml ungesüßter Haferdrink
   (oder ein anderer Pflanzendrink)
   + etwas mehr zum Verdünnen
optional: 1 Prise Kala Namak
   (indisches Schwefelsalz für einen feinen Ei-Geschmack)

1 Cashewkerne über Nacht, mindestens aber 4 Stunden in Wasser einweichen. Anschließend das Wasser abgießen und die Kerne abspülen.

2 Knoblauch schälen und zusammen mit den eingeweichten Cashews sowie allen weiteren Zutaten im Mixer cremig pürieren. Die Konsistenz der Hollandaise mit Pflanzendrink beliebig strecken. Zum Schluss mit Salz und Zitronensaft abschmecken.

Vegane BRATEN SAUCE

25 MIN. ZUBEREITUNGSZEIT
45 MIN. KOCHZEIT

FÜR 4–6 PORTIONEN ODER 450 ML

SOJAFREI

Zutaten

- 150 g (rote) Zwiebeln
- 300 g Karotten
- 250 g Knollensellerie (Gewicht ohne Schale)
- 1 Lauchstange
- 1/2 rote Paprika
- 80–100 g mehligkochende Kartoffeln
- 2 EL Pflanzenöl (z. B. Rapsöl)
- 1 Knoblauchzehe
- 1–2 EL dunkle Misopaste
- 3 EL dunkler Balsamicoessig
- 1–2 EL Tamari
- 1 Schuss Rotwein (kann durch Brühe ersetzt werden)
- 1 l Gemüsebrühe
- 6 getrocknete Wacholderbeeren
- 5 getrocknete Pimentkörner
- 2–3 getrocknete Lorbeerblätter
- 3–4 frische Zweige Thymian
- 2 TL edelsüßes Paprikapulver
- 1 Prise Salz
- 1 Prise Pfeffer
- 25 g Margarine
- 25 g Dinkelmehl, Type 630 (oder Weizenmehl, Type 550)

1 Zwiebeln ungeschält halbieren. Karotten klein schneiden. Knollensellerie, Lauchstange und Paprika putzen. Die Kartoffeln nur gründlich waschen, aber nicht schälen. Sellerie würfeln. Den hellgrünen Teil des Lauchs, Paprika und Kartoffeln klein schneiden.

2 Pflanzenöl in einem Topf erhitzen. Zwiebelhälften mit der Schnittflächen nach unten anbraten, bis diese kräftig gebräunt sind. Knoblauch abziehen und zusammen mit dem vorbereiteten Gemüse hineingeben. Dann alles rund 4 Minuten kräftig anrösten. Ab und zu durchrühren.

3 Misopaste dazugeben und kurz mitbraten. Zutaten mit Balsamicoessig, Tamari und einem Schuss Rotwein ablöschen. Gemüsebrühe angießen. Die Wacholderbeeren andrücken und ebenso wie Pimentkörner, Lorbeerblätter und Thymianzweige hinzufügen. Mit Paprikapulver, Salz und Pfeffer würzen. Das Gemüse rund 40 Minuten köcheln lassen.

4 Den Ansatz inklusive der Flüssigkeit durch ein Sieb in einen zweiten Topf passieren.

5 In einem weiteren Topf die Margarine schmelzen lassen. Mit einem Schneebesen Mehl einrühren und sofort nach und nach die Sauce aufgießen. Kräftig weiter rühren, während die Flüssigkeit bindet, damit keine Klümpchen entstehen. Ist die Bratensauce schön glatt und sämig, mit Salz, Pfeffer und Tamari abschmecken.

SO SCHMECKT DER FRÜHLING

Das Jahr beginnt mit würzig-frischen Gerichten. Denn der Frühling verführt uns mit edlem Spargel, jungen Kartoffeln, gesunden Saaten, säuerlichem Rhabarber und süßen Erdbeeren.

Zauberhafte SPARGEL KOKOSSUPPE
mit Zitronengras

25 MIN. ZUBEREITUNGSZEIT
FÜR 2 PORTIONEN

GLUTENFREI

Zutaten

50 g Zwiebeln
1 kleine Knoblauchzehe
450–500 g weißer Spargel
1 EL Olivenöl
1 Schuss Weißwein
   (oder 50 ml Gemüsebrühe)
200 ml Gemüsebrühe
400 ml Kokosmilch
1 Stange Zitronengras
240 g weiße Cannellini-Bohnen
   (aus der Dose, Abtropfgewicht)
1 Prise Salz
1 Prise weißer Pfeffer
1–2 TL Zitronensaft
3 EL ungesüßter Pflanzenjoghurt
optional: Hafersahne zum Beträufeln
   (oder eine andere Pflanzen Cuisine)
Sprossen oder Kräuter zum Garnieren
optional: 1/2 TL Bärlauchsalz

1 Zwiebeln und Knoblauchzehe abziehen und würfeln. Spargel schälen, holzige Enden einkürzen und Spargel in Stücke schneiden. Die Spargelköpfe halbieren und zur Seite legen.

2 Öl in einer Pfanne erhitzen. Zwiebel- und Knoblauchwürfel anschwitzen, Spargelstücke (ohne Spargelköpfe) dazugeben und 2–3 Minuten anbraten. Mit einem Schuss Weißwein ablöschen. Gemüsebrühe und Kokosmilch aufgießen. Zitronengras halbieren, mit der stumpfen Messerseite leicht zerstoßen und zufügen. Cannellini-Bohnen ebenfalls hinzugeben. Dann die Zutaten rund 10 Minuten köcheln lassen.

3 Zitronengras entfernen und Suppe im Mixer oder mit einem Schneidstab pürieren. Die halbierten Spargelköpfe einlegen und die Suppe nochmals 5 Minuten sanft köcheln lassen, bis die Spargelköpfchen weich sind.

4 Suppe mit Salz, Pfeffer und Zitronensaft würzen. Zum Ende der Kochzeit noch Pflanzenjoghurt einrühren.

5 Suppe in Schalen portionieren und mit Hafersahne beträufeln. Sprossen, Kräuter und etwas Bärlauchsalz runden das Gericht ab.

Kerniges SAATEN BROT

20 MIN. ZUBEREITUNGSZEIT
70 MIN. BACKZEIT
FÜR 8 PORTIONEN

 SOJAFREI GLUTENFREI

Zutaten

150 g glutenfreie Haferflocken
130 g Sonnenblumenkerne
90 g geschrotete Leinsamen
30 g Kürbiskerne
40 g Haselnüsse
20 g Chiasamen
20 g Flohsamenschalen
1 TL Salz
1 TL Ahornsirup
3 TL geschrotetes Brotgewürz
(zu gleichen Teilen Koriander-, Fenchel- und Kümmelsamen)
1 EL Apfelessig
350–370 ml Wasser

Außerdem

Eine Backkastenform:
22–24 cm Kantenlänge

1 Alle aufgelisteten Zutaten in einer Schüssel vermischen. Dann den Teig abgedeckt rund zwei Stunden ruhen lassen.

2 Nach der Ruhezeit nochmals etwa 1–2 EL Wasser zum Teig geben, durchmengen und in die Backkastenform streichen. Teig gut andrücken.

3 Das Brot bei 180 Grad Ober-/Unterhitze (160 Grad Umluft) im vorgeheizten Ofen rund 30–35 Minuten backen. Dann das Brot aus der Form auf ein mit Backpapier belegtes Blech stürzen und nochmals rund 30–35 Minuten fertig backen.

4 Das Brot vor dem Anschneiden etwas auskühlen lassen.

Genuss Tipp: Du kannst in diesem Rezept die Gewichtsanteile von Sonnenblumenkernen, Kürbiskernen und Haselnüssen variieren und etwa Haselnüsse durch Walnüsse oder Macadamia ersetzen. Achte darauf, dass das Gesamtgewicht dieser Zutaten gleich bleibt.

Schnelle FRÜHLINGS KAROTTEN RÖSTI

30 MIN. ZUBEREITUNGSZEIT

FÜR 2 PORTIONEN ODER 1 RÖSTI

Für die Avocadocreme

1 Avocado
1 Knoblauchzehe
1 EL Limettensaft (oder Zitronensaft)
1 Prise Salz
Chiliflocken nach Belieben
1 kleine Handvoll Koriander
  (oder Petersilie)

Für die Rösti

170 g Karotten
1 Handvoll frischer Koriander
  (oder Petersilie)
150 g Kichererbsenmehl
1 TL Kreuzkümmel
1/2 TL Kurkuma
1 Prise Salz
1 Prise (Cayenne-)Pfeffer
1 EL Kokosöl (oder Rapsöl)
40 g TK-Erbsen (aufgetaut)
1–2 EL Rotkraut (fein aufgeschnitten)
1 kleines Stück gelbe Paprika
4–5 Radieschen
optional: Karottengrün
  (oder Koriander zum Garnieren)

1 Fruchtfleisch der Avocado mit einer Gabel fein zerquetschen. Eine Knoblauchzehe pressen, Limettensaft, eine Prise Salz und Chiliflocken hinzufügen. Zutaten cremig verrühren. Koriander gehackt untermengen und mit Salz abschmecken.

2 Karotten waschen und aufraspeln. Frischen Koriander waschen, trocken schütteln und hacken.

3 Kichererbsenmehl mit 300 ml Wasser verrühren. Karottenraspel und gehackten Koriander untermengen. Mit Kreuzkümmel, Kurkuma, Salz und Cayennepfeffer würzen. Bei Bedarf noch ein wenig Wasser nachgießen.

4 Öl in einer flachen Pfanne erhitzen. Röstimasse gleichmäßig über den Pfannenboden verteilen und rund 4 Minuten anbraten, bis die Rösti an der Unterseite fest wird. Rösti mit einem Pfannenwender lösen und mit Schwung wenden. Auf der zweiten Seite ebenfalls 3–4 Minuten anbraten.

5 Rösti auf einen Teller geben, mit Avocadocreme bestreichen, Erbsen und 1–2 EL Rotkrautraspel über die Rösti verteilen. Paprika würfeln und das Rösti damit sowie mit Radieschenscheiben garnieren. Zum Abschluss einige Blätter Möhrengrün oder frischen Koriander über die Rösti geben. Leicht gesalzen und mit Chiliflocken bestreut servieren.

Flinke HIRSE PFANNE
mit Spargel & Brokkoli

30 MIN. ZUBEREITUNGSZEIT
FÜR 2 PORTIONEN

Zutaten

150 g feine Hirse (Schnellkochhirse)
1/2 TL Gemüsebrühepulver
1 Bund grüner Spargel (350–400 g)
50–70 g Zwiebeln
1 kleine Knoblauchzehe
1/2 Brokkoli
1–2 EL Olivenöl
1 Schuss Weißwein
    (oder 50 ml Gemüsebrühe)
4 EL eingelegte, getrocknete
    Tomaten
1 TL edelsüßes Paprikapulver
1 TL Kreuzkümmel
1 kräftige Prise Salz
Chiliflocken oder Pfeffer nach Belieben
1 Handvoll frische Petersilie
1–2 TL Zitronensaft zum Abschmecken

Für das Topping (optional)

2–3 EL ungesüßter Pflanzenjoghurt
Getrocknete Tomaten
1–2 TL helle Seamkörner
    (oder geschälte Hanfsamen)

1 Feine Hirse mit 280 ml Wasser und Gemüsebrühepulver rund 10 Minuten gar köcheln. Ab und zu umrühren.

2 Spargel waschen, holzige Ende einkürzen und Spargel in kleine Stücke schneiden. Spargelköpfe ganz lassen. Zwiebeln und Knoblauchzehe abziehen und würfeln. Brokkoli waschen und mundgerecht zerkleinern.

3 Olivenöl in einer Pfanne erhitzen. Zwiebel- und Knoblauchwürfel kurz anschwitzen. Die Spargelstücke und den Brokkoli dazugeben und einige Minuten anbraten. Zutaten mit einem Schuss Wein ablöschen und zusätzlich 50–70 ml Wasser aufgießen. Ein paar Minuten köcheln lassen.

4 Gekochte Hirse sowie gehackte getrocknete Tomaten zu den Zutaten in die Pfanne geben und vermengen. Mit Paprikapulver, Kreuzkümmel, Salz, Chiliflocken sowie einer Handvoll gehackter Petersilie würzen. Gericht mit Zitronensaft und Salz abschmecken.

5 Hirsepfanne mit Pflanzenjoghurt, getrockneten Tomaten und Petersilie garniert und mit Sesam bestreut genießen.

Genuss Tipp: *Das Öl eingelegter Tomaten enthält viel Umami und ist oft mit Gewürzen und Knoblauch versehen. Daher ist es sehr aromatisch. Träufele davon zusätzlich über das Gericht.*

Krosse KARTOFFELECKEN
mit Joghurt-Dill-Dip

20 MIN. ZUBEREITUNGSZEIT
35 MIN. BACKZEIT
FÜR 2 PORTIONEN

SOJAFREI

Zutaten

500 g festkochende Kartoffeln
4 EL Olivenöl
  (oder ein anderes Pflanzenöl)
1 Prise Salz
1 TL Harissa
  (oder edelsüßes Paprikapulver)
1–2 TL gerebelte Kräuter der Provence
15 g Semmelbrösel
  (oder Polentagrieß)
250 g vegane Quarkalternative
  (oder Joghurtalternative)
1–2 EL Tahini
2 EL Zitronensaft
  + Zitronensaft zum Beträufeln
1 Handvoll frischer Dill
1 Bund Radieschen
optional: 1 Bund Rucola

1 Kartoffeln waschen, trocknen und in keilförmige Stücke schneiden.

2 Olivenöl, Salz, Harissa und Kräuter der Provence verrühren und mit den Kartoffelstücken vermischen. Semmelbrösel ebenfalls hinzugeben.

3 Kartoffelecken auf einem mit Backpapier belegten Blech verteilen und im vorgeheizten Ofen bei 200 Grad Umluft (220 Grad Ober-/Unterhitze) ca. 25 Minuten kross backen. Nach 15 Minuten Backzeit durchmischen.

4 Quarkalternative mit Tahini, einer kräftigen Prise Salz und Zitronensaft verrühren. Dill hacken und unterrühren.

5 Radieschen waschen und klein schneiden. Rucola waschen und trocken schütteln.

6 Kartoffelecken mit Dill-Dip, Radieschen und Rucola servieren. Das Gericht nach Belieben salzen.

Genuss Tipp: *Gelingt auch mit Süßkartoffeln.*

Leckeres LINSEN DAL mit Spinat-Pancakes

40 MIN. ZUBEREITUNGSZEIT
FÜR 4 PORTIONEN

SOJAFREI

Für das Dal

80 g Zwiebeln
150 g Karotten
optional: 1 Stange Staudensellerie
1 EL Olivenöl
180 g rote Linsen
400 g gestückelte Tomaten
  (oder ganze, geschälte Tomaten)
400 ml Kokosmilch
250 ml Gemüsebrühe (oder Wasser)
1 TL gemahlener Kurkuma
1/2 TL gemahlener Kreuzkümmel
  (oder 1 TL Ras el-Hanout)
1–2 EL Tamari
Chiliflocken nach Belieben
1 Handvoll frischer Koriander
  (oder Petersilie)

Für die Spinat-Pancakes

Zutaten und Rezept siehe Seite 48

Für das Topping

3 Scheiben Rotkraut
1–2 EL Apfelessig
1 Prise Salz
1 EL ungesüßter Pflanzenjoghurt
Chiliflocken nach Belieben

1 Zwiebeln abziehen, Karotten und Staudensellerie waschen. Alles klein würfeln.

2 Olivenöl in einem Topf erhitzen und Zwiebeln darin kurz anschwitzen. Dann Karotten- und Selleriewürfel hinzugeben und kurz mit anbraten.

3 Linsen einstreuen, gehackte Tomaten sowie Kokosmilch einrühren. Kurz aufkochen, dann die Hitze reduzieren und die Linsen etwa 20–25 Minuten köcheln lassen. Nach der Hälfte der Kochzeit die Gemüsebrühe zugießen.

4 Dal mit Kurkuma, Kreuzkümmel, Tamari und Chiliflocken würzen und den frisch gehackten Koriander untermengen.

5 Die Spinat-Pancakes gemäß Rezept auf Seite 48 zubereiten.

6 Für das Topping das Rotkaut fein raspeln, mit Apfelessig und einer kräftigen Prise Salz vermischen und mit den Händen durchkneten, bis er weich ist.

7 Das Dal auf Schalen verteilen und in jede Portion einen Löffel Pflanzenjoghurt einrühren. Die Pancakes sowie jeweils eine Portion Rotkraut dazugeben und das Dal mit Chiliflocken bestreut und mit Koriander garniert servieren.

good to know: *Rote Linsen zerkochen schnell und eignen sich deshalb perfekt für einen cremigen Dal. Du kannst aber auch gelbe Linsen verwenden.*

Bunt & Gesund

Grüne SPINAT PANCAKES

25 MIN. ZUBEREITUNGSZEIT
FÜR 9–10 PANCAKES

SOJAFREI

Zutaten

150 g Babyspinat
250 ml Pflanzendrink
optional: 1/2 TL Natron
  (für eine sattgrüne Färbung)
1 TL Zitronensaft (oder Apfelessig)
250 g Dinkelmehl, Type 630
1 TL Backpulver
1 Prise Salz
1 Prise Pfeffer
2–3 EL Pflanzenöl zum Ausbacken
  der Pancakes

1 Babyspinat waschen, trocken schütteln und mit Pflanzendrink, Natron und Zitronensaft im Mixer pürieren.

2 Dinkelmehl in eine Schüssel sieben, das Backpulver sowie die „Spinat-Milch" dazugeben. Zutaten salzen, pfeffern und mit einem Schneebesen verrühren. Teig einige Minuten ruhen lassen und nochmals kräftig durchrühren.

3 Etwas Pflanzenöl in einer Pfanne erhitzen und 3–4 Teigportionen in Pancake-Form hineingeben. Pancakes beidseitig kurz braten.

4 Die fertigen Pancakes im Ofen bei ca. 50 Grad Ober-/Unterhitze (30 Grad Umluft) warm halten. So verfahren, bis der gesamte Teig aufgebraucht ist.

5 Nun kannst du die Pancakes mit Hummus, Dips oder Aufstrichen genießen, sie zu Eintöpfen oder Rührtofu geben oder z.B. mit Dal servieren, wie auf Seite 46 beschrieben.

Genuss Tipp: Brate die Pancakes wirklich nur ganz kurz auf jeder Seite an, damit sie schön sattgrün bleiben.

Vegane SUSHI SANDWICHES
mit Rote Bete-Wasabi-Sauce

1 STD. ZUBEREITUNGSZEIT

FÜR 4 PORTIONEN ODER 8 SANDWICHES

GLUTENFREI

Für den Sushireis
250 g Sushireis
50 ml Reisessig
1 EL Agavendicksaft (oder Reissirup)
1 große Prise Salz

Weitere Zutaten
200 g Naturtofu
2 TL Sesamöl
2–3 TL Tamari
1 TL helle Sesamkörner
4 Nori-Algenblätter
1 Avocado
1 kleines Stück Rotkraut
1–2 Karotten
1/2 gelbe Paprika
Frischer Koriander nach Belieben
optional: 1 TL schwarze Sesamsamen
   zum Garnieren

Für die Wasabi-Sauce
1–2 EL Cashewmus
2 EL ungesüßter Pflanzenjoghurt
optional: 1 TL helle Misopaste
1/2 TL Wasabipaste
2 Scheiben eingelegte Rote Bete (oder roh)
1 EL Zitronensaft
1 Prise Salz
20 ml Pflanzendrink
optional: Lake von eingelegter Roter Bete
   (zur zusätzlichen Färbung)

SO SCHMECKT DER FRÜHLING

SUSHI-SANDWICHES

Onigirazu

1 Sushireis in einer Schüssel mehrmals mit Wasser spülen, bis das Wasser klar bleibt. Dann mit 350 ml Wasser 10–15 Minuten sachte köcheln lassen. Topf vom Herd nehmen und ein feuchtes Küchenhandtuch zwischen Topf und Deckel legen. Sushireis 10 Minuten quellen lassen.

2 Sushireis in eine Schale füllen, mit Reisessig, Agavendicksaft und einer kräftigen Prise Salz vermischen. Mit einem feuchten Küchenhandtuch abdecken.

3 Tofu trocken pressen, in Stücke schneiden und diese mit Sesamöl und Tamari einige Minuten in einer Pfanne anbraten. Helle Sesamkörner dazugeben.

4 Avocado und weiteres Gemüse in feine Streifen schneiden. Koriander waschen und trocken schütteln.

5 Ein Nori-Algenblatt mit der glänzenden Seite nach unten und einer Spitze zum Körper hin zeigend auf die Arbeitsplatte legen. Mit angefeuchteten Händen eine Portion Reis mittig auf das Algenblatt legen und rechteckig flach drücken.

6 Nach Belieben Tofu, Avocado, Koriander, Rotkraut-, Karotten- und Paprikastreifen in dünnen Schichten auf den Reis legen. Mit angefeuchteten Händen eine zweite Reisportion auf das Gemüse legen und flach drücken.

7 Die Ecken des Nori-Blattes über der Füllung zusammenschlagen, mit Wasser anfeuchten/verschließen und die Nori-Päckchen in zwei Hälften schneiden. Sushi-Sandwiches mit schwarzem Sesam bestreut servieren.

8 Für die Wasabi-Sauce alle dafür aufgelisteten Zutaten in einem Mixer fein pürieren. Die Sauce mit Salz und Zitronensaft abschmecken und als Dip zu den Sushi-Sandwiches reichen.

Frühlingshaftes KRÄUTER OMELETTE
mit Spargel und Hollandaise

45 MIN. ZUBEREITUNGSZEIT
FÜR 2–3 PORTIONEN ODER 6 OMELETTES

Für die Sauce hollandaise
Zutaten und Zubereitung siehe S. 31

Für die Kräuterpfannkuchen
200 g Kichererbsenmehl
2 EL Tapioka
1 TL Backpulver
1/2 TL Kurkuma
1 Prise Kala Namak
1/2 TL Salz
1 Prise Pfeffer
1/2 TL Kreuzkümmel
100 g ungesüßter Pflanzenjoghurt
290 ml kaltes Wasser
1 Handvoll Petersilie
+ etwas Olivenöl zum Braten der Pfannkuchen (oder Rapsöl)

Für den Spargel
6 mittlere Stangen weißer Spargel (pro Portion)
1–2 TL Salz
2–3 TL Rohrzucker
optional: Schnittlauch (oder Petersilie) zum Garnieren

1 Die Sauce hollandaise gemäß Rezept auf Seite 31 zubereiten.

2 Alle für den Pfannkuchenteig aufgelisteten Zutaten (bis auf Petersilie und Öl) in einer Schüssel mit einem Schneebesen cremig verrühren. Bei Bedarf noch ein wenig Wasser hinzufügen. Petersilie hacken und untermengen.

3 Ein wenig Olivenöl in einer Pfanne erhitzen, eine Kelle Teig hineingeben, zu einem Pfannkuchen ausschwenken und beidseitig jeweils etwa 1–2 Minuten backen. Die fertigen Omelettes auf einem Teller im Ofen warmhalten.

4 Für den Spargel Wasser in einem tiefen Topf erhitzen. Salz und Rohrzucker im Wasser auflösen. Spargelstangen waschen, schälen und harte/faserige Enden abschneiden.

5 Spargel ins sprudelnd heiße Wasser einlegen und rund 15–18 Minuten kochen lassen, bis er leicht biegsam ist.

6 Für jede Portion zwei Omelettes auf einen Teller geben, mit 3 Spargelstangen füllen und mit der cremigen Hollandaise beträufelt und reichlich aufgeschnittenem Schnittlauch bestreut servieren. Die restliche Hollandaise dazureichen.

Gewaffelter TOFU mit Bohnenchili

40 MIN. ZUBEREITUNGSZEIT
FÜR 2 PORTIONEN

GLUTENFREI

Für das Bohnen-Chili
- 50–70 g Zwiebeln
- 1 Knoblauchzehe
- 1/2 rote Paprika
- 1–2 EL Tomatenmark
- optional: 1 Schuss Rotwein
- 400 g stückige Tomaten
- 240 g Kidneybohnen, Abtropfgewicht
- 2 TL edelsüßes Paprikapulver
- 1 TL Kreuzkümmel
- 1 Prise Salz
- Chiliflocken nach Belieben
- 100 g Mais
- 1 Handvoll Koriander

Für die Tofuwaffeln
- 400 g Naturtofu
- 1 EL Olivenöl
- 1 EL Tamari
- 2 TL dunkle Misopaste
- 1 TL Ahornsirup
- 1 TL edelsüßes Paprikapulver
- 1 TL Kreuzkümmel

Optional zum Garnieren
- 1–2 Avocado
- Helle Sesamsamen
- 2 Frühlingszwiebeln

1 Zwiebeln und Knoblauchzehe abziehen und würfeln. Paprika klein schneiden.

2 1–2 EL Olivenöl in einer Pfanne erhitzen. Zwiebel- und Knoblauchwürfel anschwitzen. Dann Paprika hinzugeben und kurz braten. 1–2 EL Tomatenmark einrühren und anrösten.

3 Mit einem Schuss Rotwein ablöschen, gestückelte Tomaten und Bohnen dazugeben. Das Chili mit Paprikapulver, Kreuzkümmel, Salz und Chiliflocken würzen und den Mais untermengen.

4 Chili bei Bedarf mit Wasser in der Konsistenz strecken und nach rund 4 Minuten Kochzeit eine Handvoll gehackten Koriander untermengen. Chili nochmals ein paar Minuten köcheln.

5 Tofublock kräftig trocken pressen, in vier dünne Scheiben schneiden und von der Größe her für das Waffeleisen zuschneiden. Erneut trocken pressen.

6 Aus Olivenöl, Tamari, Misopaste, Ahornsirup, Paprikapulver und Kreuzkümmel eine Marinade anrühren und den Tofu damit rundherum bestreichen.

7 Waffeleisen vorheizen und einfetten. 2 Scheiben Tofu einlegen und so lange im Waffeleisen braten, bis sie goldbraun sind. Vorgang wiederholen, bis alle vier Tofuscheiben gebraten sind.

8 Gewaffelten Tofu mit Bohnenchili anrichten, Koriander darüberstreuen und mit Avocado und Sesam garniert genießen. Wer möchte, gibt noch Frühlingszwiebelröllchen über das Gericht.

Selbstgemachte SCHUPFNUDELN
mit Bärlauch und Champignons

30 MIN. ZUBEREITUNGSZEIT
45 MIN. KOCHZEIT
FÜR 4 PORTIONEN

Für die Schupfnudeln
500 g Kartoffeln, mehligkochend
Salz
250 g Hartweizengrieß
Pfeffer
Eine Prise Muskatnuss, frisch gerieben
1/2 TL Kümmel, gemahlen
1 EL Kartoffelmehl
   (oder Speisestärke)
1–2 EL Pflanzenöl zum Anbraten

Für das Bärlauchpesto
1 Bund Bärlauch (ca. 50 g)
25 g Pinienkerne, geröstet
   + Pinienkerne zum Garnieren
2 EL Hefeflocken
1 Prise Salz
1 TL Zitronensaft
4–5 EL Olivenöl

Außerdem
250–300 g Steinchampignons
40–50 g Zwiebeln
1 EL Olivenöl
1–2 TL Tamari
   (oder Sojasauce)

1 Kartoffeln ungeschält in gesalzenem Wasser ca. 25–30 Minuten weich kochen, pellen und durch eine Kartoffelpresse drücken.

2 Gepresste Kartoffeln mit Hartweizengrieß, Salz, Pfeffer, Muskat, Kümmel und Kartoffelmehl zu einem Teig verkneten.

3 Kleine Teigportionen abstechen und zwischen den Händen zu Schupfnudeln formen. Schupfnudeln in siedendem Wasser rund 5 Minuten gar ziehen lassen.

4 Bärlauch mit Pinienkernen, Hefeflocken, Salz, Zitronensaft, Olivenöl und 2 EL Wasser in einem Mixer zu Pesto pürieren, mit Zitronensaft abschmecken.

5 Champignons in Scheiben schneiden. Eine kleine Zwiebel schälen und fein aufschneiden.

6 Öl in einer Pfanne erhitzen, Zwiebelwürfel kurz andünsten, Champignons dazugeben und einige Minuten scharf anbraten. Zutaten mit Tamari und 1 TL Bärlauchpesto würzen.

7 Gekochte Schupfnudeln in einer Pfanne mit etwas Öl rundum goldbraun anbraten, salzen und mit Kümmel bestreuen.

8 Die Schupfnudeln mit Pesto vermischt, mit Champignons vermengt und mit gerösteten Pinienkernen bestreut heiß servieren.

Verlockendes KIRSCH TIRAMISU
im Glas

35 MIN. ZUBEREITUNGSZEIT
2 STD. KÜHLZEIT
FÜR 4 PORTIONEN

Zutaten

700 g Kirschen
7 EL Ahornsirup
1 EL Zitronensaft
1 TL gemahlene Vanille
  (oder 1 Prise Zimt)
1 TL Guarkernmehl
  (oder Johannisbrotkernmehl)
80 g Dinkelzwieback
60–70 ml Espresso, leicht verdünnt
  (oder starker Kaffee)
optional 1 TL Amaretto-Likör
1/2 TL Zimt
400 g Seidentofu
100 g Cashewkerne
  (über Nacht eingeweicht)
optional: 25 g Marzipan Rohmasse
1 TL Kakao zum Bestäuben

1 Pro Portion 2–3 Kirschen zum Garnieren zur Seite stellen, restliche Kirschen entsteinen und halbieren.

2 Kirschen mit 3 EL Ahornsirup, Zitronensaft und 1/2 TL Vanille in einem Topf erhitzen. Früchte rund 5 Minuten köcheln lassen. 1/2 TL Guarkernmehl einrühren. Kirschen zur Seite stellen.

3 Zwieback in Stücke brechen und mit Espresso, 1 TL Amaretto, 1 EL Ahornsirup sowie 1/2 TL Zimt vermengen. Zwiebackstücke auf 4 Gläser aufteilen.

4 Seidentofu, eingeweichte Cashewkerne, 1/2 TL Vanille, 3 EL Ahornsirup, 1/2 TL Guarkernmehl und Marzipan im Mixer pürieren.

5 Einen Teil Seidentofu-Creme auf den Zwiebackboden schichten, dann die Kirschen dazugeben und mit einer weiteren Schicht Seidentofu abschließen.

6 Befüllte Dessertgläser 2 Stunden im Kühlschrank kalt stellen. Vor dem Servieren mit Kakao bestäuben und das Tiramisu mit Kirschen garniert servieren.

Feiner ERDBEER KUCHEN
mit fluffigem Biskuit

30 MIN. ZUBEREITUNGSZEIT
25 MIN. BACKZEIT
FÜR 8–10 PORTIONEN

Für den Biskuitboden
200 g Dinkelmehl, Type 630
35 g gemahlene Mandeln
130 g feiner Rohrzucker
1 TL Backpulver
1/2 TL gemahlene Vanille
70 ml Kokosöl (oder Rapsöl)
250 ml Mineralwasser, mit Kohlensäure
1 TL Kokosöl (oder Margarine)
   zum Fetten der Kuchenform

Für das Topping
200 g Seidentofu
40 g helles Mandel-, oder Cashewmus
2–3 EL Reissirup (oder Agavendicksaft)
1 TL Zitronensaft
1/2 TL Guarkernmehl
   (oder 1 TL Johannisbrotkernmehl)
350 g Erdbeeren

Für den Tortenguss
1 EL Kartoffelmehl (oder Speisestärke)
1/2–2 EL feiner Rohrzucker
optional: 1 Prise gemahlene Vanille
250 ml Wasser
optional: 1 EL Lake eingelegter
   Roter Bete (für die rote Färbung)
1 TL Zitronensaft

1 Dinkelmehl in eine Schüssel sieben. Gemahlene Mandeln, Rohrzucker, Backpulver und gemahlene Vanille dazugeben und vermischen. Dann Kokosöl und Mineralwasser hinzufügen. Die Zutaten mit einem Schneebesen kurz und kräftig zum Teig verrühren.

2 Runde Tarteform (mit Hebeboden, 28 cm Durchmesser) mit Kokosöl einfetten und mit Mehl bestäuben. Teig in die Form gießen und im vorgeheizten Ofen bei 180 Grad Ober-/Unterhitze 25–30 Minuten backen.

3 Biskuitboden nach dem Backen 15 Minuten abkühlen lassen, aus der Form nehmen und komplett erkalten lassen.

4 Seidentofu, Mandelmus, Reissirup, Zitronensaft und Guarkernmehl im Mixer pürieren. Masse auf den Tortenboden auftragen und die Erdbeeren auf dem Kuchen verteilen.

5 Für den Tortenguss Kartoffelmehl, Rohrzucker und gemahlene Vanille in 60 ml kaltem Wasser verrühren.

6 190 ml Wasser zum Kochen bringen. Die stärkehaltige, kalte Flüssigkeit mit einem Schneebesen einrühren. 1 EL Rote Bete Lake unterrühren und 1 TL Zitronensaft hinzu geben. Tortenguss kurz köcheln lassen, bis er dickflüssig wird. Anschließend leicht abkühlen lassen und über die Erdbeeren verteilen.

7 Kuchen 20 Minuten in den Kühlschrank stellen und anschließend genießen.

Weiche BUCHWEIZEN CRÊPES
mit Rhabarber

25 MIN. ZUBEREITUNGSZEIT
FÜR 2–3 PORTIONEN

GLUTENFREI

Für die Crêpes
150 g Buchweizenmehl
30 g Sojamehl
1 Prise gemahlene Vanille
400 ml Pflanzendrink
2 EL Mineralwasser (mit Kohlensäure)
4–5 TL natives Kokosöl

Für die Rhabarberfüllung
5–6 Stangen Rhabarber
3 EL Orangensaft
1–2 EL Agavendicksaft
7 g frischer Ingwer
1 Prise gemahlene Vanille
2 EL Lake von eingelegter Roter Bete
   (optional zur Färbung)

Zum Garnieren
2 TL gehackte Pistazienkerne
1 TL Kokosraspel
frische Minzeblätter
Agavendicksaft
   (oder Reissirup zum Beträufeln)

1 Buchweizenmehl, Sojamehl, eine Prise gemahlene Vanille, Pflanzendrink und Mineralwasser verrühren. Den Teig 15 Minuten quellen lassen und noch mal gut durchrühren.

2 Etwas Kokosöl in einer Pfanne stark erhitzen, jeweils eine Kelle Teig in der Pfanne ausschwenken und beidseitig jeweils 1–2 Minuten goldbraun anbraten. Vorgang wiederholen, bis alle Crêpes fertig gebacken sind. Die Buchweizen-Crêpes im Backofen bei etwa 50 Grad warm halten.

3 Rhabarber putzen, dabei die harten Enden entfernen, waschen und klein schneiden. Rhabarberstücke mit Orangensaft, Agavendicksaft, optional etwas frisch geriebenem Ingwer sowie einer Prise gemahlener Vanille in einem Topf erhitzen und etwa 4 Minuten sanft einköcheln lassen. Für eine schöne rote Färbung etwas Rote Bete-Lake unterrühren.

4 Crêpes mit dem Rhabarberkompott bestreichen, aufrollen, halbieren und auf Tellern anrichten. Mit weiterem Kompott, gehackten Pistazien, Kokosraspeln und Minzblättchen garniert servieren. Naschkatzen träufeln zusätzlich etwas Agavendicksaft oder Reissirup über die fertigen Crêpes.

Good to know: Natürlich funktioniert dieses Crêpe-Rezept mit allen Fruchtfüllungen deiner Wahl. Auch mit Nusscreme oder einer schokoladigen Sauce sind die Crêpes so richtig lecker.

Geliebter ZITRONEN KUCHEN

20 MIN. ZUBEREITUNGSZEIT
35 MIN. BACKZEIT

FÜR 8 PORTIONEN ODER 1 KUCHEN

Für den Kuchen
1 unbehandelte Bio-Zitrone
250 g Dinkelmehl, Type 630
60 g feiner Rohrzucker
optional: 1 TL gemahlene Vanille
1 Prise Salz
1 TL Backpulver
1/2 TL Natron
100 ml Kokosöl
   + Kokosöl zum Fetten der Form
150 ml Mineralwasser (mit Kohlensäure)

Für die Glasur
80 g Puderzucker
2 EL Zitronensaft
optional: Zitronenscheiben
   + Lavendelblüten zum Garnieren

Außerdem
Eine Backkastenform:
   22-24 cm Kantenlänge

1 Bio-Zitrone heiß abwaschen und Schale abraspeln. Zitrone auspressen.

2 Dinkelmehl in eine Schüssel sieben und mit 60 g Rohrzucker, Vanille, Salz, Backpulver, Natron und dem Zitronenabrieb vermischen.

3 3 EL Zitronensaft, 100 ml Kokosöl und 150 ml Sprudelwasser dazugeben, verrühren und den Teig in eine gefettete Backkastenform streichen.

4 Kuchen im vorgeheizten Ofen bei 180 Grad Umluft (190 Grad Ober-/Unterhitze) rund 35 Minuten backen. Nach ca. 7 Minuten Backzeit längs einschneiden, damit er kontrolliert reißt.

5 Kuchen aus der Form nehmen und 20 Minuten abkühlen lassen.

6 Aus Puderzucker und Zitronensaft eine Glasur anrühren und den Zitronenkuchen damit bestreichen. Kuchen nach Belieben mit Zitronenscheiben und Lavendelblüten garnieren.

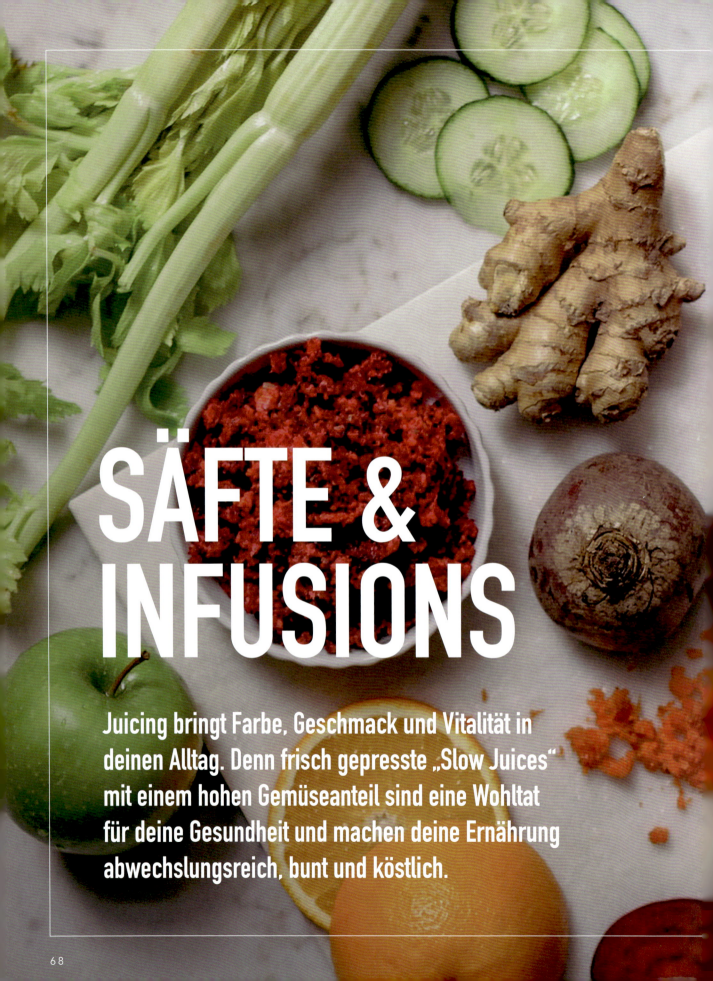

SÄFTE & INFUSIONS

Juicing bringt Farbe, Geschmack und Vitalität in deinen Alltag. Denn frisch gepresste „Slow Juices" mit einem hohen Gemüseanteil sind eine Wohltat für deine Gesundheit und machen deine Ernährung abwechslungsreich, bunt und köstlich.

WUNDER BAR VIEL SEITIG

Ob klassische Saft-Mischungen wie Karotte-Apfel-Ingwer, gesunde Stoffwechsel-Turbos mit Sellerie, traumhafte Detox-Säfte mit Roter Bete oder sanfte Magenschmeichler mit Birne und Fenchel — die Möglichkeiten an Inhaltskombinationen, Wirkweise und Geschmack sind riesig. Juicing ermöglicht dir, auch im stressigen Alltag, deinen Körper unkompliziert mit wichtigen Vitaminen, Mineralstoffen, Spurenelementen und Antioxidantien zu versorgen.

SICH EINFACH BESSER FÜHLEN

Denn sind wir ehrlich: Wie viel rohes Bio-Gemüse und wie viele frische Obstportionen stehen wirklich auf deinem täglichen Speiseplan? Die Deutsche Gesellschaft für Ernährung empfiehlt, täglich rund 400 Gramm Gemüse und 250 Gramm Obst zu sich zu nehmen. Mit frisch gepressten Säften ist das kein Problem mehr.

LIFESTYLE STATT KUR

Mehrtägige Saftkuren bringen den Stoffwechsel in Schwung und helfen dem Körper bei der Entgiftung. Doch ich empfehle Juicing vor allem als festen Bestandteil einer abwechslungsreichen Ernährung. 2-3 Mal wöchentlich konsumiert, wirken Säfte entzündungshemmend und unterstützen die Darmgesundheit. Das hilft Allergien sowie Entzündungen zu mildern und unterstützt das Immunsystem. Nicht zuletzt versorgen dich frisch gepresste Säfte mit jeder Menge Flüssigkeit. Kleine Fältchen verschwinden und du siehst frischer, fitter und jünger aus.

UND SO GEHT'S

1 Wähle Biozutaten für deine Säfte, weil diese mit Schale verarbeitet werden (außer Zitrusfrüchte).

2 Halte den Gemüseanteil hoch und den Fruchtanteil niedrig. Obst sollte nur rund 1/3 ausmachen, um die Leber nicht mit zu viel Fruktose zu belasten.

3 Die Qualität deines Juicers bestimmt die deiner Säfte. Am besten setzt du hier auf einen sogenannten Slow Juicer. Zentrifugal-Juicer arbeiten zwar schneller, trennen jedoch lediglich Fruchtfleisch von Flüssigkeit. Kostbare Vitamine, Enzyme und Mineralstoffe gehen dadurch oft verloren. Slow Juicer entsaftet hingegen mit einer langsamen Presswalze. Hierbei werden die Zellmembranen des Pressguts leicht an-gerissen, sodass sich die wertvollen Pflanzenstoffe aus den Fasern lösen und in deinem Saft landen.

Lust bekommen es auszuprobieren?
Dann starte jetzt mit buntem, frischem Saftgenuss und meinen liebsten Juicing-Rezepten in ein ganz neues Wohlbefinden!

10 MIN. ZUBEREITUNGSZEIT
FÜR 2 PORTIONEN
ODER 450 ML

SOJAFREI   GLUTENFREI

PURE GREEN

Sellerie pur zu entsaften, ist ein Klassiker des Juicing und weltweit beliebt. Hier zeige ich dir eine abgewandelte Variante, die leicht zitronig ist und Schärfe von Ingwer enthält.

Zutaten

1 Bio-Staudensellerie
1 Zitrone
5 g frischer Ingwer
einige Blätter frische Petersilie
1 TL Leinöl

1 Blattgrün entfernen, Sellerie waschen und etwas zerkleinern. Zitrone schälen und vierteln. Falls der Ingwer keine Bioware ist, schälen. Petersilie waschen.

2 Alle Zutaten im Slow Juicer entsaften, 1 TL Leinöl einrühren.

Genuss Tipp:

Selleriesaft ist ein richtiger Fitmacher, sein herber Geschmack allerdings nicht jedermanns Sache. Doch es gibt tolle Kombis, die das intensive Selleriearoma ein bisschen milder und den Saft fruchtiger machen. Probier mal, noch eine Handvoll Ananasstücke, eine Grapefruit oder einen aromatischen Apfel mit zu entsaften - superlecker!

10 MIN. ZUBEREITUNGSZEIT

FÜR 2 PORTIONEN
ODER 450–500 ML

SOJAFREI GLUTENFREI

SKIN CARE

Die Geschmackskombination von Karotten, Apfel und Grapefruit oder Orangen ist sehr mild und hervorragend geeignet für Juicing- Einsteiger. Dieser Saft unterstützt optimal die Hautgesundheit und lässt dich schon nach wenigen Wochen regelrecht strahlen.

Zutaten

4–5 Karotten
1 Apfel
5–10 g frischer Ingwer
1 Grapefruit (oder 2 Orangen)
optional: einige Blätter frische Minze
1 TL Leinöl

1 Karotten sowie Apfel waschen und etwas zerkleinern. Falls der Ingwer keine Bioware ist, schälen. Grapefruit schälen und zerkleinern. Minze kurz abbrausen.

2 Alle Zutaten im Slow Juicer entsaften. 1 TL Leinöl einrühren. Nach Belieben einige Blätter Minze dazugeben.

10 MIN. ZUBEREITUNGSZEIT

FÜR 2 PORTIONEN
ODER 450–500 ML

THRIVE

Dieser Saft hilft dir, dein Immunsystem zu stärken und kann blutdrucksenkend wirken. Er enthält gesunde Nitrate, steckt voller Antioxidantien und Eisen. Mit Zugabe von Orange, Ingwer und Minze wird aus der leicht erdig schmeckenden Roten Bete ein fruchtig-gesunder Genuss.

Zutaten

160 g Rote Bete
2 Orangen
1 kleines Stück frischer Ingwer
einige Blätter frische Minze zum Garnieren
1 TL Leinöl

1 Rote Bete kräftig waschen und etwas zerkleinern. Orangen schälen und achteln. Falls der Ingwer keine Bioware ist, schälen. Minze kurz abbrausen.

2 Alle Zutaten im Slow Juicer entsaften. 1 TL Leinöl einrühren. Die frischen Minzblätter dazugeben und genießen.

10 MIN. ZUBEREITUNGSZEIT

FÜR 2 PORTIONEN
ODER 400 ML

SOJAFREI   GLUTENFREI

MILD BEAUTY

Dieser Saft schmeckt mild und fruchtig mit einer angenehmen Anisnote. Er versorgt dich mit viel Vitamin C und wirkt dank des Fenchels verdauungsfördernd und krampflösend. Wusstest du, dass im Fenchel fast doppelt so viel Vitamin C steckt wie in einer Orange?

Zutaten
250 g Birne(n)
1 Orange
1 Fenchelknolle (ca.150–170 g)
1 TL Leinöl

1 Birne(n) schälen und etwas zerkleinern. Orange schälen und achteln. Fenchelknolle waschen und etwas zerkleinern.

2 Alle Zutaten entsaften, 1 TL Leinöl einrühren und direkt genießen.

Genuss Tipp:

Der Mild Beauty schmeckt auch köstlich, wenn du statt Birnen fruchtige Äpfel verwendest.

10 MIN. ZUBEREITUNGSZEIT

FÜR 2 PORTIONEN
ODER 550 ML

HOLISTIC

Eine weitere großartige Rote Bete-Saftkombination voller Antioxidantien, B-Vitaminen und mit jeder Menge Vitamin C. Ein Rundum-wohlfühl-Juice, der deine Gesundheit optimal unterstützt und einfach herrlich schmeckt.

Zutaten
1 Rote Bete Knolle
3 Stängel Staudensellerie
1/3 Salatgurke
1 Apfel
1 Orange
1 TL Leinöl
1 Prise schwarzer Pfeffer

1 Rote Bete, Sellerie, Salatgurke und Apfel waschen und etwas klein schneiden. Orange schälen.

2 Alle Zutaten entsaften, 1/2 TL Leinöl einrühren und direkt genießen.

10 MIN. ZUBEREITUNGSZEIT

FÜR 2 PORTIONEN ODER 450 ML

SOJAFREI GLUTENFREI

SUNNY DAY

Ein wunderbar sommerlicher Mix, sehr mild und samtig. Die fruchtige Süße der Aprikosen harmoniert einfach perfekt mit dem leichten Anisaroma des Fenchels. So bietet dieser Saft nicht nur ein Geschmackserlebnis, er hilft dir auch bei Erkältungsbeschwerden und Verdauungsproblemen.

Zutaten

8–10 Aprikosen (430–480 g)
1 Fenchelknolle (ca. 240 g)
1 Apfel (150 g)
50 ml Wasser
1 TL Leinöl

1 Aprikosen waschen und entsteinen. Fenchel waschen, das Fenchelgrün für die Garnitur beiseitelegen und die Knolle grob zerteilen. Apfel waschen und zerkleinern.

2 Alle Zutaten entsaften, den Saft gegebenenfalls mit Wasser ein wenig strecken. Das Leinöl einrühren und den Juice mit Fenchelgrün garniert genießen.

10 MIN. ZUBEREITUNGSZEIT

FÜR 2 PORTIONEN ODER 550 ML

SOJAFREI · GLUTENFREI

AWAKEN

Dieser Saft schmeckt außergewöhnlich gut und steckt voller Antioxidantien sowie entzündungshemmender Anthocyane. Er pusht das Immunsystem, unterstützt aber auch die Leber und somit die natürliche Entgiftung des Körpers. Schlürfen, wohlfühlen, fit sein.

Zutaten

Kerne von 2–3 Granatäpfeln
 (ca. 170–200 g)
2 Orangen
1 Apfel
1 TL Leinöl

1 Die Kerne aus den Granatäpfeln lösen, Orangen schälen, Apfel waschen und zerkleinern.

2 Alle Zutaten entsaften, 1 TL Leinöl einrühren und den Juice genießen.

10 MIN. ZUBEREITUNGSZEIT

FÜR 2 PORTIONEN ODER 450–500 ML

IMMUN BOOSTER

Wir haben Erkältungszeit und du fühlst dich bereits etwas angeschlagen? Dann ist ein Immunbooster genau das Richtige für dich. Die Shots schmecken einfach fantastisch und helfen dir, deine Abwehrkräfte anzukurbeln.

Zutaten

20–25 g frischer Ingwer
1 Stück Kurkumawurzel (ca. 2,5 cm)
1 Apfel
1 Orange
100–120 ml heißes Wasser
optional: 1 Bio-Zitrone zum Garnieren
1 Prise schwarzer Pfeffer

1 Falls Ingwer und Kurkuma keine Bioware sind, schälen. Apfel waschen, Orange schälen.

2 Alle Zutaten entsaften, auf vier Gläser aufteilen und mit jeweils ca. 25–30 ml heißem Wasser verdünnen. Mit einer Prise frischem Pfeffer genießen.

SÄFTE & INFUSIONS

10 MIN. ZUBEREITUNGSZEIT

FÜR 2 PORTIONEN ODER 380 ML

SOJAFREI · GLUTENFREI

HOT CARROT

Wenn es draußen kalt, grau und ungemütlich ist, wärmt dich dieser aromatische Orangen-Karotten-Saft mit Rosmarin von innen und gibt dir neue Kraft. Köstlich und wohltuend mit einer Extraportion Betacarotin und viel Vitamin C für eine starke Immunabwehr.

Zutaten

1 Orange
3 Karotten
5 g frischer Ingwer
1 Zweig Rosmarin
140–200 ml heißes Wasser

1 Orange schälen. Karotten waschen. Falls der Ingwer keine Bioware ist, ebenfalls schälen.

2 Orange, Karotten und Ingwer entsaften. Saft auf zwei Gläser aufteilen und jeweils mit 70–100 ml heißem Wasser aufgießen. Einen Zweig Rosmarin mit ins Glas geben.

SÄFTE & INFUSIONS

10 MIN. ZUBEREITUNGSZEIT
FÜR 2–3 PORTIONEN
ODER 480 ML

SOJAFREI GLUTENFREI

HYGGE

Entspannt einkuscheln und es sich einfach mal gut gehen lassen – dafür ist dieser heiße Orangen-Apfel-Ingwer-Saft mit dem herrlichen Nelkenaroma der perfekte Begleiter. Genieße die Wärme, die er in deinem Körper verbreitet, und lass die Seele baumeln!

Zutaten
2 Orangen
   + einige Scheiben zum Garnieren
2 Äpfel
6–8 g frischer Ingwer
6–8 Nelken
200–300 ml heißes Wasser

1 Orangen schälen. Äpfel waschen. Falls der Ingwer keine Bioware ist, schälen.

2 Orangen, Äpfel und Ingwer entsaften. Saft auf zwei Tassen aufteilen, jeweils 3–4 Nelken hineingeben und das Ganze jeweils mit 100–150 ml heißem Wasser aufgießen.

DAS AROMA DES SOMMERS

Die Sommerküche ist wunderbar abwechslungsreich. Die Auswahl an frischem Obst und Gemüse ist riesig und es darf nach Herzenslust gemixt, gegrillt, geschmort und gebacken werden.

Fruchtig

Kühlende GAZPACHO
für heiße Tage

20 MIN. ZUBEREITUNGSZEIT
2 STD. KÜHLZEIT
FÜR 4 PORTIONEN

Zutaten

50 g (rote) Zwiebeln
1 Knoblauchzehe
450–500 g Tomaten
   + Tomatenstücke zum Garnieren
150 g Salatgurke
100–120 g Staudensellerie
1 rote Paprika
5 EL Tomatenmark
1/2 EL Apfelessig (oder Rotweinessig)
1–2 TL Limettensaft (oder Zitronensaft)
1 Handvoll Basilikum
2 TL gerebelte Kräuter der Provence
1 große Prise Salz
1 Prise Pfeffer
2 EL Olivenöl
   + Olivenöl zum Garnieren
optional (nicht gf): Grissini oder
   Baguette dazu servieren

1 Zwiebeln und Knoblauchzehe abziehen. Zwiebeln zerkleinern. Tomaten, Salatgurke, Staudensellerie und Paprika klein schneiden.

2 Knoblauch und das klein geschnittene Gemüse in einen Mixer geben. Tomatenmark, Apfelessig, Limettensaft, eine Handvoll Basilikum, 1 TL Kräuter der Provence, Salz, Pfeffer und Olivenöl dazugeben. Die Zutaten cremig pürieren. Gazpacho mit Limettensaft, Salz und Pfeffer abschmecken.

3 Gazpacho 2 Stunden im Kühlschrank ziehen und abkühlen lassen.

4 Gazpacho mit Tomatenstücken garnieren, Kräuter der Provence darüber streuen und mit Olivenöl beträufeln. Du kannst klein gebrochene Grissini als Topping auf die Suppe geben oder frisches Baguette dazu reichen (oder wähle glutenfreie Brotsorten).

Sättigende BURRITO BOWL
mit Erdnuss-Dressing

20 MIN. ZUBEREITUNGSZEIT + KOCHZEIT FÜR DEN REIS

FÜR 2–3 PORTIONEN

GLUTENFREI

Zutaten

150 g Naturreis
1 Prise Salz
200 g Tempeh
1–2 TL Sesamöl
1 EL Tamari
1 TL Ahornsirup
1 TL edelsüßes Paprikapulver
1 Prise geräuchertes Paprikapulver
1/2 TL Kreuzkümmel
265 g Kidneybohnen (aus dem Glas, Abtropfgewicht)
1–2 Limetten
Chiliflocken nach Belieben
120 g gekochter Mais
1 Handvoll Salat (pro Portion)
10 Cocktail-Tomaten (oder 1–2 Gartentomaten)
1 Avocado
1 Handvoll frischer Koriander

Für die Erdnusssauce

Siehe Rezept und Zubereitung in unserem Dressing- und Saucenkapitel Seite 26

1 Reis mit 450 ml leicht gesalzenem Wasser aufkochen lassen. Dann Hitze reduzieren und den Reis ca. 35 Minuten sanft köcheln lassen. Reis nach dem Kochen ohne Hitzezufuhr bei geschlossenem Deckel nochmals 10 Minuten quellen lassen. (Kochzeit und Wassermenge können je nach Reissorte variieren. Bitte Packungsanweisung beachten).

2 Tempeh grob zerbröseln und mit Sesamöl, Tamari und Ahornsirup in einer Pfanne einige Minuten goldbraun anbraten. Mit beiden Paprikapulversorten und Kreuzkümmel würzen.

3 Kidneybohnen abbrausen und mit Limettensaft und Chiliflocken vermischen. Mais unter fließendem Wasser spülen und leicht salzen. Salat waschen und trocken schütteln. Cocktailtomaten aufschneiden. Avocado-Fruchtfleisch würfeln, mit Limettensaft beträufeln und ebenfalls leicht salzen. Koriander hacken.

4 Erdnusssauce nach Rezept auf Seite 26 zubereiten.

5 Alle Zutaten auf zwei große Schalen aufteilen, Koriander dazugeben und die Bowl mit dem Erdnuss-Dressing genießen.

Genuss Tipp: Wer möchte, kann die Bowl zusätzlich mit scharfer Sriracha-Chilisauce beträufeln.

DAS AROMA DES SOMMERS

Gefüllte MUSCHELNUDELN
mit Tofu und Löwenzahn

25 MIN. ZUBEREITUNGSZEIT
30 MIN. BACKZEIT
FÜR 2–3 PORTIONEN

Für die Nudeln
180 g Conchiglioni
2–3 TL Salz
450 g Tomatensauce

Für die Füllung
60–80 g Zwiebel
1 Knoblauchzehe
50–60 g in Öl eingelegte getrocknete Tomaten
100 g Löwenzahnsalat
   + etwas mehr zum Garnieren
250 g Naturtofu
1–2 EL Olivenöl
1 Prise Salz
schwarzer Pfeffer aus der Mühle
1 EL Hefeflocken
1–2 TL gerebelte Kräuter der Provence
1–2 TL Zitronensaft

Für den Cashewkäse
50 g Cashewkerne
1 EL Apfelessig
1 EL Olivenöl
1 TL scharfer Senf
1 EL Hefeflocken
1 EL Tapiokastärke
1 Prise Salz
1 kleine Knoblauchzehe

1 Pasta in kochendem Salzwasser gemäß Packungsanleitung al dente kochen.

2 Für die Füllung Zwiebel und Knoblauchzehe abziehen und würfeln. Getrocknete Tomaten abtropfen lassen und hacken. Löwenzahnsalat waschen, ebenfalls abtropfen lassen und ohne harte Stiele fein schneiden. Tofu fein zerbröseln.

3 Olivenöl in einer Pfanne erhitzen. Zerbröselten Naturtofu darin einige Minuten anrösten. Zwiebel- und Knoblauchwürfel sowie gehackte Tomaten hinzufügen und nochmals 2–3 Minuten braten. Mit Salz und Pfeffer würzen. Löwenzahn untermengen und mitbraten, bis er zusammenfällt.

4 Gebratene Zutaten in einen Mixer geben. Hefeflocken, Kräuter der Provence und Zitronensaft hinzufügen. Masse kurz pulsieren und mit Salz abschmecken.

5 Für den Cashewkäse die eingeweichten Cashewkerne mit Apfelessig, Olivenöl, scharfem Senf, Hefeflocken, Tapiokastärke, einer Prise Salz, Knoblauch sowie 220 ml Wasser im Mixer pürieren. Die Cashewcreme in einem Topf unter Rühren erwärmen, bis die Masse zähflüssig ist. Die vegane Käsesauce bis auf einen kleinen Rest zum Beträufeln mit der Füllung vermengen.

6 Die vegane Tomatensauce in eine Auflaufform gießen. Muschelnudeln mit der Füllung versehen und daraufsetzen. Die restliche Cashewcreme darüberträufeln.

7 Muschelnudeln im vorgeheizten Ofen bei 180 Grad Ober-/Unterhitze etwa 30 Minuten backen und mit frisch gehacktem Löwenzahn garniert heiß servieren.

Sommerliche POLENTA PIZZA

25 MIN. ZUBEREITUNGSZEIT
FÜR 2 PORTIONEN

SOJAFREI

Für den Pizzaboden
500 ml Gemüsebrühe
220 g Schnellkoch-Polentagrieß
25 g Margarine
1 TL gerebelte Kräuter der Provence

Für den Belag
50–70 g Zwiebel
1 kleine Knoblauchzehe
1 EL Olivenöl
250 g gestückelte Tomaten
   (oder passierte Tomaten)
3 EL Tomatenmark
1–2 TL Reissirup (oder Agavendicksaft)
1 TL edelsüßes Paprikapulver
1/2 TL Kreuzkümmel
Salz & Pfeffer
1 Handvoll frischer Basilikum
50 g Zucchini
3–4 Champignons
1 Handvoll Rucolasalat
optional: entsteinte Oliven

1 Brühe erhitzen und die Polenta einrühren. Margarine sowie Kräuter der Provence hinzugeben und die Polenta unter Rühren kurz andicken lassen.

2 Ein Blech mit Backpapier belegen. Polenta mit einem angefeuchteten Löffel rund auf dem Backpapier verstreichen und fest werden lassen.

3 Zwiebel und Knoblauchzehe abziehen und fein würfeln.

4 Olivenöl in einer Pfanne erhitzen. Zwiebel- und Knoblauchwürfel anschwitzen. Gestückelte Tomaten und Tomatenmark hinzufügen, mit Agavendicksaft, Paprikapulver, Kreuzkümmel sowie Salz und Pfeffer würzen. 2–3 Minuten köcheln lassen. Basilikum hacken und unterrühren.

5 Pizzaboden ohne Belag 3–4 Minuten bei 180 Grad Umluft (200 Grad Ober-/Unterhitze) vorbacken.

6 Tomatensauce auf dem Pizzaboden verstreichen. Einige Scheiben Zucchini sowie Champignons darüber verteilen und die Pizza rund 15 Minuten backen.

7 Polenta-Pizza mit frischem Rucola und Oliven belegt sowie Kräutern der Provence bestreut und Olivenöl beträufelt genießen.

good to know: In diesem Rezept wird sogenannte „Minuten- oder Schnellkoch-Polenta" verwendet. Reguläre Polenta benötigt hingegen mehr Flüssigkeit. Bitte Packungsanweisung beachten.

Bunte MANGO QUINOA BOWL

25 MIN. ZUBEREITUNGSZEIT
FÜR 2 PORTIONEN

GLUTENFREI

Für die Bowl

100 g helle Quinoa
1 TL Gemüsebrühepulver
1 Handvoll TK-Edamame
   (oder Erbsen)
1 Mango
1/4 Salatgurke
2–3 Frühlingszwiebeln
1 Scheibe Rotkraut
1 Avocado
1/2 Zitrone
2 EL gehobelte Mandeln
   zum Garnieren
optional: Sprossen zum Garnieren
   (z. B. Rettichsprossen)

Für das Dressing

1 EL Sesamöl
1 EL Tamari
1–2 TL Reissirup
2 EL Limettensaft (oder Zitronensaft)
1 Prise Knoblauchpulver
1–2 TL geschrotete Koriander- und
   Fenchelsamen

1 Quinoa unter fließendem Wasser spülen. Dann mit Gemüsebrühepulver und 200–220 ml Wasser zum Kochen bringen. Hitze reduzieren und Quinoa ca. 17 Minuten sanft köcheln und quellen lassen.

2 TK-Edamame mit heißem Wasser auftauen. Mango würfeln. Salatgurke, Frühlingszwiebeln und Rotkraut fein aufschneiden. Das Fruchtfleisch der Avocado stückeln und mit Zitronensaft beträufeln.

3 Alle für das Dressing angegebenen Zutaten miteinander verrühren.

4 Alle Bowlzutaten miteinander vermischen, das Dressing untermengen, mit Zitronensaft abschmecken und auf Schalen verteilen. Bowl mit gehobelten Mandeln sowie Sprossen garniert genießen.

Genuss Tipp: *Du kannst die Mango in diesem Rezept auch durch Papaya, Erdbeeren oder Heidelbeeren ersetzen.*

Saftiger TOFU BLACK BEAN BURGER

35 MIN. ZUBEREITUNGSZEIT
FÜR 4 PORTIONEN ODER 7 BULETTEN

Für die Bohnenbuletten

80 g Zwiebeln
Pflanzenöl zum Braten
200 g Naturtofu
240–260 g schwarze Bohnen
   (aus der Dose, Abtropfgewicht)
   (oder Kidneybohnen)
1 TL scharfer Senf
1 EL Tomatenmark
3 EL Kichererbsenmehl
40 g Semmelbrösel
1 Prise Cayennepfeffer
1/2 TL Salz
1 TL Knoblauchpulver
1 EL edelsüßes Paprikapulver
1/2 TL geräuchertes Paprikapulver
1 Prise Kreuzkümmel
optional: etwas Mehl zum Bestäuben

Für die Seidentofu-Chili-Mayo

200 g Seidentofu
1–2 EL Hefeflocken
1 TL Ahornsirup
optional: 2 TL Sriracha Chilisauce
1 TL Tomatenmark
1/2 TL scharfer Senf
optional: 1 TL helle Misopaste
1 TL Zitronensaft (oder Apfelessig)
1 Prise Salz
1/2 TL Guarkernmehl
   (oder 1 TL Johannisbrotkernmehl)

Außerdem

Burgerbrötchen
1 paar Salatblätter
2 Tomaten
Salatgurke nach Belieben

TOFU BLACK BEAN BURGER

Perfekt

1 Zwiebeln abziehen, würfeln und in etwas Öl goldbraun braten. Naturtofu in eine Schüssel bröseln, Bohnen abspülen und dazugeben, geröstete Zwiebeln hinzufügen und alles zusammen mit einem Stabmixer pürieren.

2 Bulettenmasse mit Senf, Tomatenmark, Kichererbsenmehl und Semmelbröseln vermischen und mit Cayennepfeffer, Salz, Knoblauchpulver, beiden Paprikapulvern sowie Kreuzkümmel würzen.

3 Auf einer bemehlten Arbeitsfläche Buletten formen, mit Mehl bestäuben und in einer Pfanne mit reichlich Öl beidseitig anbraten.

4 Alle für die Chili-Mayo aufgeführten Zutaten miteinander verrühren. Mayo mit Zitronensaft, Salz und Sriracha abschmecken.

5 Burgerbrötchen mit Seidentofu-Chili-Mayo, Salat, den Bohnenbuletten, Tomaten und Salatgurke belegen.

Good to know: Natürlich kannst du die Tofu-Bohnen-Patties auch als Bratlinge oder als Bällchen geformt mit Dips oder anderen Beilagen genießen.

Knusprige SOMMER GALETTE mit Tomaten

20 MIN. ZUBEREITUNGSZEIT
35 MIN. BACKZEIT
FÜR 4–6 PORTIONEN

Für den Teig

180 g Dinkelmehl, Type 630
   + Mehl für die Arbeitsfläche
50 g Hartweizengrieß
1 Prise Salz
100 g Margarine
2 EL ungesüßter Pflanzenjoghurt
40 ml kaltes Wasser

Für die Füllung

650–700 g (Ochsenherz-)Tomaten
100 g Zwiebeln
1 Knoblauchzehe
3–4 EL Olivenöl
300 g Seidentofu
50 g Kichererbsenmehl
2 EL Hefeflocken
1 TL scharfer Senf
1 Prise Salz
1 Prise Pfeffer
1 TL gerebelte Kräuter der Provence
1 EL Pflanzendrink zum Bepinseln des Teigrandes
1 Handvoll frischer Basilikum

1 Dinkelmehl, Hartweizengrieß und eine Prise Salz in einer Schüssel vermischen. Margarine, Pflanzenjoghurt sowie kaltes Wasser dazugeben und verkneten. Teig auf einer reichlich bemehlten Arbeitsfläche zügig geschmeidig kneten und dann abgedeckt 20 Minuten im Kühlschrank ruhen lassen.

2 Zwiebeln und Knoblauchzehe abziehen, fein würfeln und kurz mit 1–2 EL Olivenöl in einer Pfanne anbraten.

3 Seidentofu, Kichererbsenmehl, Hefeflocken und scharfen Senf mit einer Prise Salz und Pfeffer im Mixer pürieren. Die angebratenen Zwiebeln unterheben und die Füllung mit Salz abschmecken.

4 Teig auf einer bemehlten Arbeitsfläche rund ausrollen und auf ein mit Backpapier belegtes Blech legen. Die Tofucreme mittig auf den Teig streichen (einen 4–5 cm breiten Rand frei lassen) und mit Kräutern der Provence bestreuen.

5 Tomaten waschen und in Scheiben geschnitten auf den Teig schichten. Teigrand umklappen und mit etwas Pflanzendrink bepinseln.

6 Tomaten-Galette im vorgeheizten Ofen bei 200 Grad Umluft (220 Grad Ober-/Unterhitze) rund 35 Minuten backen, bis der Teigrand goldbraun ist.

7 Galette salzen und pfeffern sowie mit Olivenöl beträufelt und mit Basilikum garniert servieren.

Spanische PAELLA
für die ganze Familie

30 MIN. ZUBEREITUNGSZEIT
FÜR 3–4 PORTIONEN

 SOJAFREI GLUTENFREI

Zutaten
- 140 g Zwiebeln
- 1–2 Knoblauchzehe(n)
- 1/2 rote und 1/2 gelbe Paprika
- 300 g Tomaten
- 100–120 g Zucchini
- 1 Handvoll frische Petersilie
- 2 EL Olivenöl
- 250 g Paella-Reis (Rundkorn-Reis)
- 1 Schuss Weißwein (oder 50 ml Gemüsebrühe)
- 700 ml Gemüsebrühe
- optional: 2–3 frische Lorbeerblätter (oder getrocknet)
- optional: 2 TL Dulse Algen-Flakes (für das typische „Meeres-Aroma")
- 1 Zitrone
- 1/2 TL Kurkuma
- 1 Prise Salz
- 1 Prise Pfeffer (oder Chiliflocken)
- 1 TL edelsüßes Paprikapulver
- 1 TL Kreuzkümmel
- 80 g TK-Erbsen
- 120 g eingelegte Artischockenviertel
- Einige schwarze Oliven, entsteint

1 Zwiebeln abziehen in feine Streifen schneiden. Knoblauch fein hacken. Paprikahälften entkernen und in Streifen schneiden. Tomaten sowie Zucchini würfeln. Petersilie hacken.

2 Olivenöl in einer großen, tiefen Pfanne erhitzen. Zwiebelstreifen einige Minuten bei mittlerer Hitze glasig dünsten. Paprikastreifen hinzugeben, Hitze erhöhen und scharf anbraten. Zum Schluss Reis und Knoblauch hinzugeben und nochmals 1–2 Minuten braten.

3 Die Zutaten mit einem Schuss Weißwein ablöschen. Gemüsebrühe nach und nach aufgießen und den Reis 18–20 Minuten sanft köcheln lassen (Kochdauer kann je nach Reissorte/Hersteller leicht variieren). Lorbeerblätter und Algen-Flakes zufügen. Immer wieder umrühren.

4 Nach ca. 10 Minuten Kochzeit Tomaten- und Zucchinistücke dazugeben.

5 Paella mit 1–2 TL Zitronensaft, Kurkuma, Salz, Pfeffer, Paprikapulver und Kreuzkümmel würzen.

6 Kurz vor Ende der Kochzeit TK-Erbsen, Artischockenviertel und gehackte Petersilie untermengen. Vor dem Servieren Lorbeerblätter entfernen und die Paella mit Salz und Zitronensaft abschmecken. Mit Oliven und Zitronenvierteln garniert servieren.

Gebackene MISO AUBERGINEN mit Couscous

20 MIN. ZUBEREITUNGSZEIT
25 MIN. BACKZEIT
FÜR 2 PORTIONEN

Für die Marinade
50 ml Olivenöl
2 EL Tamari (oder Sojasauce)
1 Knoblauchzehe
2 TL Reissirup (oder Agavendicksaft)
1 EL Zitronensaft
1 EL dunkle Misopaste
Chiliflocken nach Belieben

Weitere Zutaten
2 Auberginen
50 g Zwiebeln
200 g Naturtofu
1 Handvoll frischer Koriander (oder Petersilie)
40 g (Kamut-) Couscous
1 TL Gemüsebrühepulver
200 g ungesüßter pflanzlicher Joghurt
1 EL Tahini
1 EL Zitronensaft
1 kl. Knoblauchzehe
1 Prise Salz
1 Prise Pfeffer
optional: 1–2 EL getrocknete, eingelegte Tomaten
Helle Sesamsamen zum Garnieren

1 Alle für die Marinade aufgelisteten Zutaten mit 3 EL Wasser verrühren.

2 Auberginen halbieren, das Fruchtfleisch kreuzweise einschneiden und mit der Marinade einpinseln. Sauce auch in die „Fächer" fließen lassen.

3 Auberginen mit der Schnittfläche nach oben auf ein mit Backpapier belegtes Blech legen und bei 180 Grad Umluft (200 Grad Ober/Unterhitze) rund 20–25 Minuten backen.

4 Zwiebeln abziehen und fein würfeln. Naturtofu trocken pressen und zerbröseln.

5 Die restliche Marinade in einer Pfanne erhitzen. Den zerbröselten Tofu darin scharf anbraten. Die Zwiebelwürfel hinzufügen und ebenfalls anbraten. Zum Schluss einige Zweige gehackten Koriander unterheben. Mit Tamari oder Sojasauce abschmecken.

6 Couscous mit Gemüsebrühepulver und 100 ml kochendem Wasser verrühren, mit einem Teller abdecken und quellen lassen. Nach 5 Minuten Quellzeit durchrühren und mit dem angebratenen Tofu vermengen. Mit Salz abschmecken.

7 Pflanzenjoghurt mit Tahini, Zitronensaft, Knoblauch, Salz, Pfeffer und reichlich gehacktem Koriander verrühren. Sauce mit Salz und Zitronensaft abschmecken.

8 Auberginen mit Couscous-Tofu-Mix toppen und Joghurtsauce darüber träufeln. Auf jede Auberginenhälfte noch gehackte, getrocknete Tomaten geben und das Gericht mit geröstetem Sesam bestreut und Koriander garniert servieren.

Deftige GRILL- & BRATSPIESSE
mit Tsatsiki

25 MIN. ZUBEREITUNGSZEIT
2 STD. MARINIERZEIT
FÜR 9–10 SPIESSE

 GLUTENFREI

Für die Grillspieße

20 g geschrotete Leinsamen
40 g Zwiebeln
1 Knoblauchzehe
100 g Shiitake oder Steinchampignons
240 g schwarze Bohnen (Abtropfgewicht)
Pflanzenöl zum Anbraten
1 TL gerebelte Kräuter der Provence
1 Prise Salz
80 g feine Haferflocken
1 TL scharfer Senf
2 EL Tomatenmark
1 EL edelsüßes Paprikapulver
1/2 TL Kreuzkümmel
3 EL Kichererbsenmehl
1 Handvoll frische Petersilie
außerdem: 9–10 Schaschlikspieße
Zutaten Marinade: Siehe Seite 30

Für das Tsatsiki

350 g ungesüßter pflanzlicher Joghurt
1/2. EL Tahini
3 EL Zitronensaft
100 g Salatgurke
1 Knoblauchzehe
1 Prise Salz
einige Stängel frische Minze
(oder Petersilie oder Koriander)

1 Geschrotete Leinsamen mit 3 EL Wasser verrühren und quellen lassen. Zwiebeln und Knoblauchzehe abziehen und fein würfeln. Shiitake putzen und fein hacken.

2 1 EL Öl in einer Pfanne erhitzen. Zwiebel-, Knoblauch- und Pilzwürfel 3–4 Minuten anbraten, mit Kräutern der Provence und Salz würzen.

3 Bohnen abspülen, abtropfen lassen und mit den Haferflocken im Mixer pulsieren, gebratene Zutaten, gequollene Leinsamen, scharfen Senf, Tomatenmark sowie die Gewürze hinzugeben und nochmals pulsieren.

4 Die Bratmasse mit den Händen gut verkneten. Das Kichererbsenmehl sowie gehackte Petersilie untermengen. Dann die Masse mit den Händen länglich formen, einen Bratspieß hindurch stecken und leicht flach drücken.

5 Grill-und Bratspieße mit reichlich Mariande (siehe Seite 30) bepinseln und 1–2 Stunden marinieren lassen.

6 Alle für das Tsatsiki aufgelisteten Zutaten miteinander verrühren. Den Dip mit Salz und Zitronensaft abschmecken.

7 Spieße vor dem Braten oder Grillen erneut mit Marinade bepinseln und dann so lange von allen Seiten braten, bis sie schön Farbe angenommen haben. Zwischendurch nochmals mit Marinade bestreichen. Spieße mit frischem Tsatsiki genießen.

Unwiderstehliche APRIKOSEN KOKOS MUFFINS mit Lavendel

20 MIN. ZUBEREITUNGSZEIT
25 MIN. BACKZEIT
FÜR 12 MUFFINS

Zutaten

170 g Aprikosen
   (ca. 3 Stück mittlerer Größe)
250 g Dinkelmehl, Type 630
50 g Kokosraspel
80 g feiner Rohrzucker
1 TL gemahlene Vanille
   (oder 1 TL Vanilleextrakt)
2 TL Backpulver
1 Prise Salz
1 EL Zitronensaft
50 g Margarine
200 ml Pflanzendrink
Blüten von 3–4 Stängeln Lavendel
   + Lavendel zum Garnieren
2 TL Agavendicksaft zum Beträufeln

1 Aprikosen waschen, entkernen und würfeln.

2 Dinkelmehl in eine Schüssel sieben. Kokosraspel, Rohrzucker, Vanille, Backpulver, Salz und Zitronensaft dazugeben. Die Margarine in Stückchen geschnitten hinzufügen und mit einem Handrührgerät den Teig anrühren.

3 1 TL Lavendelblüten und 2/3 der klein geschnittenen Aprikosen vorsichtig unter den Teig heben. Teig in gefettete Muffinmulden füllen. Die restlichen Aprikosenstücke von oben in den Teig drücken.

4 Muffins im vorgeheizten Ofen bei 180 Grad Umluft (200 Grad Ober-/Unterhitze) rund 18–20 Minuten backen. Die Backzeit kann je nach Ofentyp und -alter leicht variieren.

5 Gebackene Muffins mit Agavendicksaft beträufeln, mit Lavendelblüten garnieren und am besten noch warm genießen.

Genuss Tipp:

Die Lavendelblüten schmecken herrlich aromatisch, werden jedoch von Kindern wegen der ätherischen Öle häufig nicht gerne verzehrt. Daher die Muffins für Kinder bevorzugt ohne Lavendelblüten zubereiten.

Sonnengereift

DAS AROMA DES SOMMERS

Gefrorene JOGHURT BEEREN SCHNITTEN

20 MIN. ZUBEREITUNGSZEIT
4 STD. KÜHLZEIT
FÜR 8 PORTIONEN

Für den Boden
100 g getrocknete Soft-Aprikosen
   (oder Medjoul-Datteln)
150 g feine Haferflocken
20 g Kokosraspel
25 g geschrotete Leinsamen
1 EL Ahornsirup
1 Prise Salz
70 g Mandelmus
   (oder Cashew- oder Erdnussmus)
2 TL Zimt

Für das Topping
400 g Kokosjoghurt
2 EL Reissirup (oder Agavendicksaft)
1 TL gemahlene Vanille
   (oder 1–2 TL Vanilleextrakt)
Abrieb einer Bio-Zitrone
1 EL Zitronensaft
1 TL Guarkernmehl zum Andicken
   (oder Johannisbrotkernmehl)
Beeren nach Belieben
   im Rezept verwendet:
   3 Erdbeeren, 5–6 Himbeeren
   1 EL Pistazien zum Bestreuen

Außerdem
Eine Back- oder Auflaufform: 26x17 cm

1 Alle Zutaten für den Boden im Mixer zu einer klebrigen Masse verarbeiten. Bei Bedarf mit einem Teelöffel nach und nach noch etwas Wasser hinzufügen, sollte die Masse zu fest sein.

2 Kokosjoghurt mit Reissirup, Vanille, Zitronenabrieb, Zitronensaft und Guarkernmehl pürieren oder mixen.

3 Auflaufform mit Back- oder Butterbrotpapier auslegen. Die Haferflockenmasse einfüllen, mit Hilfe eines Löffels zu einem glatten Teil verstreichen und verdichten. Danach die Joghurtschicht auf dem Teigboden verstreichen.

4 Die Beeren halbieren bzw. in Scheiben schneiden und in den Joghurt drücken. Kleinere Beeren einfach darüberstreuen und andrücken. Nun die gehackten Pistazien über der Füllung verteilen.

5 Die Joghurt-Schnitten mindestens 3–4 Stunden in den Tiefkühler stellen.

6 Joghurt-Schnitten aus dem Gefrierfach holen, antauen lassen, aus der Form lösen, in Stücke schneiden und servieren. Die Joghurt-Schnitten im Kühlschrank aufbewahren.

Weisse SCHOKO MOUSSE TARTELETTES mit Beeren

25 MIN. ZUBEREITUNGSZEIT
2–3 STD. KÜHLZEIT

FÜR 5 TARTELETTES
(DURCHMESSER 12CM)

Für den Boden

150 g getrocknete Soft-Aprikosen (oder entsteinte Medjoul Datteln)
70 g Mandelblättchen
50 g Kokosraspel
1 Prise Salz
1/2 TL gemahlene Vanille
2 EL Agavendicksaft
45–50 g gepopptes Amaranth

Für die Füllung

30 ml Kokosöl
300 g Seidentofu
80 g Kokosrahm (fester Teil einer gekühlten Dose Kokosmilch)
2 TL Guarkernmehl
4 EL Agavendicksaft
1/2 TL gemahlene Vanille (oder Vanilleetrakt)
2 EL Cashewmus
1 Tafel weiße Schokolade
optional: entsteinte Oliven

Zum Garnieren

1/2 Tafel weiße Schokolade
Beeren nach Belieben

1 Soft-Aprikosen, Mandelblättchen, Kokosraspel, eine Prise Salz, Vanille und Agavendicksaft in einen Mixer geben. Alle Zutaten zu einer gleichmäßigen, klebrig-feinen Masse verarbeiten. Die klebrige Teigbodenmasse in eine Schüssel geben und dort mit den Händen das gepoppte Amaranth einkneten.

2 Die Masse in die Tartelette-Förmchen geben und mit einem Löffel andrücken. Die Seitenränder leicht nach oben ziehen.

3 Für die Füllung flüssiges Kokosöl, Seidentofu, Kokosrahm, Guarkernmehl, Agavendicksaft, Vanille und Cashewmus im Mixer pürieren.

4 1 Tafel weiße, vegane Schokolade unter Rühren über einem Wasserbad schmelzen lassen, zu den pürierten Zutaten in den Mixer geben und die Füllmasse nochmals mixen.

5 Schokomousse-Masse auf die Tartelettes aufteilen und mit einem Löffel verstreichen. Tartelettes 1 Stunde in den Tiefkühler und anschließend 1–2 Stunden in den Kühlschrank stellen.

6 Schokomousse-Tartelettes mit Schokostücken und -raspeln, Beeren und Minze garnieren. Direkt genießen oder im Kühlschrank 3–4 Tage aufbewahren. Immer frisch aus dem Kühlschrank servieren.

Genuss Tipp: Statt mehrere Tartelettes kannst du mit den Zutaten auch einen großen Schoko-Mousse „Raw Cake" machen (Springform 24 cm).

Herrliche BROMBEER SCHNITTEN
mit Streuseln

20 MIN. ZUBEREITUNGSZEIT
14 MIN. BACKZEIT
FÜR 2 PORTIONEN

Für die Füllung
230–250 g Brombeeren
   (oder Heidelbeeren)
1–2 EL Zitronensaft
optional: 1 TL gemahlene Vanille
50 g feiner Rohrzucker
Saft 1/2 Orange
2 EL Speisestärke

Für den Teig
250 g Dinkelmehl, Type 630
70 g gemahlene Mandeln
   (oder Haselnüsse)
80 g feiner Rohrzucker
2 TL Vanille (oder Zimt)
1 Prise Salz
130 g Margarine
optional: 15–20 g gehobelte Mandeln

Außerdem
Eine Backform: ca. 26x20 cm

1 Die Brombeeren waschen, vorsichtig abtrocknen, mit Zitronensaft in einem Topf erhitzen und einige Minuten sanft köcheln lassen. Dabei Vanille und feinen Rohrzucker unterrühren. Dann die Beeren mit einem Schneidstab/Handmixer pürieren.

2 Eine halbe Orange auspressen. Speisestärke im kalten Orangensaft auflösen. Den Saft zu den Brombeeren gießen, kurz köcheln lassen und durchrühren. Brombeerfüllung erkalten lassen.

3 Alle für den Teig angegebenen Zutaten (außer der Mandelblättchen) in einer Schüssel mit den Händen vermengen. Dann die Zutaten so lange krümeln, bis Streusel entstanden sind.

4 2/3 der Streusel in eine mit Backpapier ausgelegte Form geben, festdrücken und die Brombeermasse darauf verteilen. Die restlichen Brösel locker auf der Fruchtmasse verteilen. Anschließend die gehobelten Mandeln zum Garnieren darüber verteilen.

5 Brombeerschnitten bei 200 Grad Ober-/Unterhitze (180 Grad Umluft) rund 25 Minuten backen. Die Schnitten ab Mitte der Backzeit mit Backpapier abdecken. Vor dem Anschneiden abkühlen lassen.

Erfrischende GRAPEFRUIT GRANITA

5–10 MIN. ZUBEREITUNGSZEIT
10 STD. KÜHLZEIT
+ WIEDERH. MISCHEN
FÜR 6–8 PORTIONEN

Zutaten

- 3–4 Grapefruits (450 ml Grapefruitsaft) + 1 Grapefruit zum Garnieren
- 5–6 EL Agavendicksaft (oder Reissirup)
- 3 EL Zitronensaft
- 350 ml Wasser
- Minze zum Garnieren (oder Rosmarin)

1 Grapefruits auspressen. Agavendicksaft und Zitronensaft einrühren. Dann mit Wasser vermengen und in ein Behältnis füllen.

2 Behälter 4–5 Stunde lang in den Tiefkühler stellen. Dann die leicht angefrorene Masse mit einer Gabel durchmischen und erneut einfrieren. Diesen Vorgang alle 40–60 Minuten ca. 5–6 Mal wiederholen.

3 Granita vor dem Servieren mit einer Gabel nochmals auflockern, mit 1 TL Zitronensaft beträufeln und mit Minze sowie Grapefruitscheiben garniert servieren.

Genuss Tipp: *Sollte die Granita zu stark angefroren sein, kann man die Eisstücke in einem leistungsstarken Mixer ein paar Mal pulsieren und dann direkt servieren.*

Umwerfend

DAS AROMA DES SOMMERS

Vanilliger KÄSEKUCHEN
mit Heidelbeeren

25 MIN. ZUBEREITUNGSZEIT
60 MIN. BACKZEIT
30 MIN. KÜHLZEIT
10–12 PORTIONEN

Für den Boden
300 g Dinkelmehl (Type 630)
  + etwas zum Verarbeiten
100 g Margarine in Stückchen
  + etwas zum Einfetten
1 TL Backpulver
1 TL Zitronensaft (oder Apfelessig)
50 g Ahornsirup (oder Agavendicksaft)
1/2 TL gemahlener Zimt

Für die Füllung und Garnitur
240 g weiße Cannellini-Bohnen
  (aus der Dose, Abtropfgewicht)
800 g Quarkalternative Vanille
  (oder Quarkalternative Natur)
  + 1 TL gemahlene Vanille
50 g Margarine
120 g Rohrzucker
70 g Speisestärke
85 ml Pflanzendrink
100 g TK-Heidelbeeren
  (oder frische Heidelbeeren)

Außerdem
Eine Springform:
  Durchmesser 24 cm

1 Für den Boden alle Zutaten mit 3 EL kaltem Wasser verkneten. Den Teig bis zur Verwendung abgedeckt im Kühlschrank ruhen lassen.

2 Ein Blatt Backpapier über den Boden der Springform spannen, die Form schließen und überstehendes Backpapier außen einkürzen. Die Seitenwände der Springform mit Margarine einfetten.

3 Cannellini-Bohnen in einem Sieb abbrausen und abtropfen lassen. Bohnen, Quarkalternative, Margarine, Rohrzucker, Speisestärke und Pflanzendrink in den Mixer geben und pürieren.

4 Teig auf einer bemehlten Arbeitsfläche rund ausrollen und in eine Springform einpassen. Die Seitenränder etwa 4–5 cm hochziehen. Die Füllung daraufgeben – in diesem Stadium ist sie noch sehr flüssig, wird aber beim Backen fest. Zum Schluss die Heidelbeeren in die Füllung fallen lassen oder leicht unterheben.

5 Den vanilligen Käsekuchen im vorgeheizten Ofen bei 175 Grad Umluft (185 Grad Ober-/Unterhitze) auf der mittleren Schiene etwa 60 Minuten backen. Nach der Hälfte der Backzeit die Kuchenoberfläche mit einem Blatt Backpapier abdecken, damit sie nicht verbrennt.

6 Den Kuchen aus dem Ofen nehmen und vollständig abkühlen lassen. Mit einem scharfen dünnen Messer vorsichtig den Seitenrand des Kuchens von der Springform lösen, bevor man diese öffnet und den Kuchen genießt.

EINLEGEN & FERMENTIEREN

Hochsommer und Herbst sind Ernte- und Einmachzeit. Mache jetzt deine bunten Gartenschätze für die kalte Jahreszeit haltbar und entdecke so herrliche neue Geschmäcker. Du kannst Obst zu Marmeladen einkochen, Kompott zubereiten und Gemüse in Salz, Alkohol oder Öl einlegen. Zwei besonders köstliche und einfache Methoden sind die einfache Salzfermentation und das saure Einlegen, auch „Pickling" genannt. Und die zeige ich dir jetzt.

DER KLEINE UNTERSCHIED

Der Unterschied zwischen Fermentieren und Einlegen liegt in der Gärung. Während deine bunten Pickles mit einem sauren Sud haltbar gemacht und vor Mikroorganismen geschützt werden, gären die natürlich in Gemüse vorkommenden Milchsäurebakterien bei der Fermentation kontrolliert und es entfalten sich ganz neue, wunderbare Aromen.

1. GEMÜSE

Achte darauf, dass dein Gemüse frisch, knackig und gut gewaschen ist. Schälen ist optional. Ob Karotten, Blumenkohl, Paprika, Sellerie, Zwiebeln, Gurken, Zucchini, Kürbis oder Rüben – bei Auswahl und Kombination sind dir keine Grenzen gesetzt. Wichtig ist, dass du beim Fermentieren ausschließlich rohe Zutaten verwendest, während es ratsam ist, hartes Gemüse, wie z.B. Rote Bete, beim sauren Einlegen kurz zu kochen, damit es weicher ist. Auch solltest du beim Einlegen deine Einmachgläser nur zu ungefähr 3/4 mit Gemüse füllen. Denn es sollte immer ganz mit Flüssigkeit bedeckt sein. Beim Fermentieren wird das Gemüse zusätzlich beschwert, damit es nicht nach oben treibt. Lasse beim Fermentieren außerdem zwei Finger breit Luft im Glas. Das ist beim Einlegen hingegen nicht notwendig, da die Zutaten keinen Gärprozess durchlaufen.

2. WÜRZE

Beim Einlegen und Fermentieren kannst du allein mit der jeweiligen Basis-Lake arbeiten oder diese mit allerlei Gewürzen und Kräutern aufpeppen — was ich sehr empfehle! Vielseitige Aromen machen deine Fermente und Pickles zu einem wahren Hochgenuss. Und die Auswahl ist riesig. Orientiere dich daran, welche Kräuter und Gewürze zum rohen oder gekochten Gemüse passen — diese matchen in der Regel auch mit dem Ferment und deinen Pickles. Aber Achtung: Das Gemüse nimmt die Aromen stark an. Weniger ist hier also mehr, vor allem, wenn du scharfe, ätherische Zutaten hineingibst, etwa Chili oder Ingwer.

Hier eine kleine Auswahl an Gewürzklassikern, die du für beide Einmachmethoden verwenden kannst: Senfkörner, Pfeffer, Fenchelsamen, Selleriesaat, Koriander, Wacholder, Lorbeer, Sternanis, mediterrane Kräuter (z. B. Thymian, Majoran und Oregano), Dill, frische Chilis oder Ingwer.

3. HYGIENE

Es ist wichtig, dass du auf Sauberkeit achtest, damit sich in deinem Ferment oder in deinem sauren Gemüse kein Schimmel bildet. Daher solltest du die Einmachgläser sowie die Deckel vor dem Befüllen 5–10 Minuten auskochen und sie dann auch nicht mehr an der Innenseite berühren. Nehme die Gläser einfach mit einer Zange aus dem kochenden Wasser und stelle sie zum Abtropfen kopfüber auf ein sauberes Küchenhandtuch. Du kannst sie auch in der Spülmaschine heiß auswaschen, am besten ohne weiteres, schmutziges Geschirr in der Maschine.

UND SO GEHT'S

Zuerst kommen deine Gewürze und Kräuter in saubere, heiß gespülte Einmachgläser. Dann gewaschenes und geschnittenes Gemüse einschichten. Anschließend alles mit einer 2–3%igen Salzlake bedecken (20–30 g Salz in 1 Liter Wasser auflösen). Luftbläschen herauspressen und das Gemüse beschweren, damit es nicht aus der Salzlake nach oben treibt. Bis zum Rand des Einmachglases mindestens 2 cm Platz lassen. Das Einmachglas mit einem Fermentationsverschluss verschließen oder Bügelgläser ohne Dichtungsring verwenden, damit entstehende Gase entweichen können. Fermente rund eine Woche bei Zimmertemperatur stehen lassen und anschließend im Kühlschrank aufbewahren. So halten deine Gartenschätze sicher ein Jahr und schmecken köstlich.

Klassisches KIMCHI
oder auch: fermentierter Chinakohl

20 MIN. ZUBEREITUNGSZEIT
2 STD. EINWEICHZEIT
3–4 TAGE FERMENTATION

FÜR 16 PORTIONEN ODER 2 GR. GLÄSER

GLUTENFREI

Grundzutaten
- 1 Chinakohl (800–900 g)
- 2–3 EL Salz
- optional: 1 Apfel oder 1 Birne
- optional: 1 Noriblatt
- 150 g Karotten
- 220 g Rettich
- 3–4 Frühlingszwiebeln

Für die Chilipaste
- 15 g Reismehl
- 3 Knoblauchzehen
- 20–25 g frischer Ingwer
- 25 Gochugaru (koreanisches Chilipulver)
- 1 TL edelsüßes Paprikapulver
- 2 EL Sojasauce
- 1 EL Agavendicksaft (oder Reissirup)

1 Kohl putzen, waschen und klein schneiden. Mit dem Salz vermengen und kräftig mit den Händen durchkneten. Anschließend 2 Stunden mit Wasser bedeckt ziehen lassen. Dann den Kohl gut waschen und abtropfen lassen.

2 Die Karotten in dünne Scheiben schneiden, den Rettich in Stifte und die Frühlingszwiebeln in schräge Röllchen.

3 Für die Chilipaste 100 ml Wasser erhitzen, 15 g Reismehl hineingeben und ca. 3 Minuten unter Rühren zu einer dickflüssigen Reispaste verarbeiten. Knoblauchzehen sowie Ingwer schälen und in Stücke schneiden. Dann mit der Reispaste, Gochugaru, Paprikapulver, Sojasauce und Agavendicksaft im Mixer pürieren.

4 Kohl, Gemüse und Chilipaste vermengen. Nach Belieben noch geraspelten Apfel oder auch ein fein zerbröseltes Noriblatt dazugeben. Alles mit den Händen mehrere Minuten kräftig durchkneten, bis reichlich Saft austritt.

5 Kohlmix auf saubere Gläser verteilen und darin so weit nach unten drücken, dass das Gemüse vollkommen mit Flüssigkeit bedeckt ist. Mit Glasgewichten beschweren, mit Fermentationsaufsätzen verschließen und bei Zimmertemperatur 3–4 Tage fermentieren lassen. Im Kühlschrank aufbewahrt hält das Kimchi anschließend mehrere Monate.

---

good to know: *Keine Fermentationsverschlüsse zur Hand? Perforierte Folie oder saubere Küchenhandtücher sind ein praktischer Ersatz.*

PICKLES: SO GEHT'S

Um Gemüse einzulegen, benötigst du eine saure Lake. Dafür kannst du verschiedene Essigsorten verwenden. Am besten eignen sich jedoch Apfelessig und Weißweinessig. Gerade der Weißweinessig sorgt dafür, dass z. B. saure Gurken schön knackig bleiben. Wenn möglich, verwende kein Jodsalz. Denn das führt ebenfalls dazu, dass dein Gemüse an Biss verliert. Ein reines, hochwertiges Stein- oder Meersalz ist optimal.

DER ESSIG SUD

Die Menge der Lake, welche du zum Einmachen deines Gemüses verwendest, kommt natürlich ganz auf die Menge des Gemüses an. Grundsätzlich sollte das Verhältnis von heißem/kochendem Wasser zu Essig 2:1 sein. Nachstehend siehst du die Zutaten beispielhaft für 600 ml Wasser aufgeführt. Dieses Mischverhältnis kannst du dann beliebig hoch oder runter rechnen.

Herstellung
ESSIG SUD & PICKLES

Zutaten Essig-Sud

600 ml Wasser

300 ml Essig,
z.B. Apfelessig oder Weißweinessig (oder eine Mischung aus zwei verschiedenen Essig-Sorten)

2 EL Reissirup oder Agavendicksaft (oder Rohrzucker oder auch Ahornsirup schmecken bei manchen Gemüsesorten lecker)

1 EL Salz
Hinzu kommen dann die jeweiligen Gewürze, die du nach Belieben variieren kannst

1 Zuerst kommen deine Gewürze wie Korianderkörner, Knoblauch, Senfsamen, Chili oder frische Kräuter in saubere, heiß gespülte Einmachgläser.

2 Dann nach Belieben gewaschenes und geschnittenes oder kurz gekochtes Gemüse eingeschichtet.

3 Den Essigsud mit Süßungsmittel und Salz aufkochen, Gemüse mit Sud deckend befüllen, Gläser verschließen und auf dem Kopf stehend abkühlen lassen.

4 Pickles im Kühlschrank aufbewahren und innerhalb von 6–8 Monaten verbrauchen oder befüllte Gläser abkochen. Dann halten deine Pickles auch ungekühlt ein Jahr.

Pinke Zwiebeln
(Zutaten, Gewürze und Kräuter für ein 800-ml-Glas)

250 g rote Zwiebeln,
   in feine Ringe geschnitten und kurz abgekocht
1/2–1 TL schwarze Pfefferkörner
2 Lorbeerblätter
dein Essigsud (siehe Seite 126)

Saure Gurken
(Zutaten, Gewürze und Kräuter für ein 500-ml-Glas)

2 kleine Gartengurken (180–200 g)
1 TL Senfkörner
1 TL Fenchelsamen oder Selleriesaat
einige Zweige Dill
1/2 TL schwarze Pfefferkörner
dein Essigsud (siehe Seite 126)

Bunte Paprika
(Zutaten, Gewürze und Kräuter für ein 500-ml-Glas)

150 g Paprika, geputzt und in Ringe geschnitten
einige Zweige Thymian
1 Knoblauchzehe
1 TL Fenchelsamen oder Selleriesaat
dein Essigsud (siehe Seite 126)

BUNTE HERBST LAUNE

Der Herbst verspricht kunterbunten Küchengenuss. Das macht nicht nur gute Laune und Appetit, sondern liefert ganz nebenbei auch noch eine breite Palette an Nährstoffen.

Herbstliche QUICHE
mit italienischem Stängelkohl

35 MIN. ZUBEREITUNGSZEIT
40 MIN. BACKZEIT
FÜR 6 PORTIONEN

Für den Teigboden

200 g Dinkelmehl, Type 630
50 g Hartweizengrieß
50 g Margarine
   + etwas mehr zum Fetten der Form
40 g ungesüßter pflanzlicher Joghurt
45 ml Pflanzendrink
2 TL Backpulver
1 TL Salz
optional: 1 EL gerebelte Kräuter der Provence

Für die Füllung

100 g Zwiebeln
   + Zwiebelstreifen zum Garnieren
1 Bund italienischer Stängelkohl (ca. 150 g)
   + einige Blätter zum Garnieren
1 EL Olivenöl zum Anbraten
1 TL Zitronensaft
1 Prise Salz
280–300 g Zucchini
200 g Naturtofu
400 g Seidentofu
50 g Kichererbsenmehl
1 Prise Kurkuma
1 Prise Pfeffer (oder Chiliflocken)
optional: 3 EL Hefeflocken
optional zum Garnieren: Stängekohl, lila Spitzkohl, Artischocken, Zwiebel, frische Kräuter und (Zucchini-)Blüten

Außerdem

Eine runde Quicheform: Durchmesser 27 cm
   oder eine eckige Form: 31x21 cm Kantenlänge

HERBSTLICHE QUICHE

1 Alle für den Teig angegebenen Zutaten vermischen und auf einer bemehlten Arbeitsfläche zügig zu einer geschmeidigen Teigkugel kneten. Teig bis zur Verwendung im Kühlschrank ruhen lassen.

2 Zwiebel abziehen, würfeln und den Stängelkohl waschen und hacken.

3 Öl in einer Pfanne erhitzen. Die Zwiebelwürfel kurz andünsten. Stängelkohl hinzugeben, mit Zitronensaft beträufeln, leicht salzen und kurz anbraten. Danach beiseitestellen.

4 Zucchini fein aufraspeln und mit einem Küchenkrepp leicht trocken pressen.

5 Naturtofu, Seidentofu, Kichererbsenmehl, eine Prise Kurkuma sowie eine kräftige Prise Salz und Pfeffer im Mixer pürieren. Optional Hefeflocken unterrühren. Die Füllmasse in eine Schüssel geben. Stängelkohl und die Zucchiniraspel ebenfalls untermengen.

6 Teig auf einer bemehlten Arbeitsfläche ausrollen und in eine gefettete Quicheform einpassen. Füllung hineingießen, verstreichen und mit einigen Scheiben Zwiebeln belegen.

7 Quiche im vorgeheizten Ofen bei 200 Grad Umluft (oder 220 Grad Ober-/Unterhitze) 35–40 Minuten backen.

8 Quiche aus der Form heben und nach Belieben garniert ofenwarm servieren.

> *Genuss Tipp:* Anstelle von Stängelkohl kannst du auch Spinat, Mangold oder Löwenzahnsalat verwenden.

Schnell & Einfach

BUNTE HERBSTLAUNE

Cremiger ROTE BETE HUMMUS
mit Ofenfenchel

20 MIN. ZUBEREITUNGSZEIT
14 MIN. BACKZEIT
FÜR 2 PORTIONEN

Für den Ofenfenchel
1 mittlere Fenchelknolle (ca. 320 g)
50 g rote Zwiebel
¼ Zucchini
120 g Kichererbsen, Abtropfgewicht
2–3 EL Olivenöl
1 Prise Salz
Chiliflocken nach Belieben
2 TL geschrotetes Brotgewürz
   (zu gleichen Teilen Koriander-,
   Fenchel- und Kümmelsamen)
1/2 TL Knoblauchpulver
1 TL Anissamen

Für das Rote Bete-Hummus
360 g Kichererbsen, Abtropfgewicht
1 Knoblauchzehe
1 kleine Rote Bete-Knolle
1 EL Zitronensaft
2 EL Tahini
1 kleiner TL gemahlener Kreuzkümmel
1 Prise Salz
50 ml ungesüßter Pflanzendrink
1–2 EL Olivenöl

Zum Garnieren/Servieren
1 TL gehackte Pistazienkerne
etwas Fenchelgrün
Grissini nach Belieben

1 Den Backofen auf 200 Grad Ober-/Unterhitze (etwa 190 Grad Umluft) vorheizen. Gemüse putzen. Die Fenchelknolle vierteln und fein schneiden, Zwiebel abziehen und in Streifen schneiden, Zucchini ebenso klein schneiden. Die Kichererbsen in einem Sieb abbrausen und abtropfen lassen.

2 Das vorbereitete Gemüse auf ein Blech mit Backpapier geben, mit Olivenöl, einer kräftigen Prise Salz, Chiliflocken nach Belieben, Brotgewürz und Knoblauchpulver vermengen und im vorgeheizten Ofen 12–14 Minuten weich garen. Dann mit Anissamen vermischen und noch mal mit Salz abschmecken.

3 Kichererbsen in einem Sieb abbrausen und abtropfen lassen. Knoblauchzehe schälen, Rote Bete waschen und etwas zerkleinern. Kichererbsen, Knoblauch und Rote Bete mit Zitronensaft, Tahini, Kreuzkümmel, einer Prise Salz, Pflanzendrink sowie Olivenöl im Mixer cremig pürieren.

4 Rote Bete-Hummus in eine Schale streichen und das gegarte Ofengemüse darauf anrichten.

5 Rote Bete-Hummus mit gehackten Pistazien bestreut und Fenchelgrün garniert genießen. Dazu Grissini reichen (nicht glutenfrei).

Genuss Tipp: *Du kannst hier statt Fenchel Gemüse jeglicher Art benutzen. Ersetze dann Brotgewürz und Anis durch Kräuter der Provence.*

Fluffige SPINAT PFANNKUCHEN
mit Kürbis, Rotkraut & Cashewsauce

35 MIN. ZUBEREITUNGSZEIT
FÜR 9–10 PFANNKUCHEN

SOJAFREI

Für die Cashewsauce
Siehe Zutaten und Zubereitung auf Seite 25

Für die Füllung
600 g Hokkaido-Kürbis
3 EL Olivenöl
1 Prise Meersalz
1 Prise (Cayenne-)Pfeffer
1 Prise Kreuzkümmel
1 Prise edelsüßes Paprikapulver
1 Handvoll Babyspinat
1 Handvoll gehobelten Rotkraut
1–2 Avocado(s)
3 EL Zitronensaft
außerdem: 2 TL schwarze Sesamsamen zum Garnieren

Für die Pfannkuchen
500 ml Haferdrink (oder Reissdrink)
70–80 g Babyspinat
300 g Dinkelmehl, Type 630
1 gestrichenen TL Natron
1/2 TL Zitronensaft
1 EL Mineralwasser (mit Kohlensäure)
1 Prise Salz
2–3 EL Rapsöl zum Braten (oder Kokosöl)

1 Cashewsauce gemäß Rezept auf Seite 25 zubereiten.

2 Hokkaido-Kürbis waschen, entkernen und würfeln. Kürbiswürfel mit Olivenöl, Salz, Cayennepfeffer, Kreuzkümmel und Paprikapulver vermengen, auf ein mit Backpapier belegtes Blech geben und im vorgeheizten Ofen bei 220 Grad Ober-/Unterhitze (200 Grad Umluft) rund 12 Minuten weich backen.

3 Für die Pfannkuchen Pflanzendrink und Babyspinat im Mixer zu einer grünen Pflanzenmilch pürieren. Diese dann mit Dinkelmehl, Natron, Zitronensaft und Mineralwasser in einer Schüssel verrühren. Den Pfannkuchenteig mit einer großen Prise Salz würzen.

4 1/2 TL Öl in einer flachen Pfanne erhitzen, einen Schöpfer Pfannkuchenteig hineingeben, ausschwenken und von jeder Seite rund 2 Minuten backen. So verfahren, bis alle Pfannkuchen fertig sind. Pfannkuchen im Ofen bei etwa 50 Grad warm halten.

5 Pfannkuchen mit gebackenen Kürbiswürfeln, Babyspinat sowie gehobeltem Rotkraut und aufgeschnittener Avocado füllen. Zitronensaft über die Füllung träufeln. Pfannkuchen mit Cashewsauce und Sesam garniert servieren.

BUNTE HERBSTLAUNE

Verführerische SPAGHETTI ALLA CARBONARA

25 MIN. ZUBEREITUNGSZEIT
FÜR 4 PORTIONEN

Für die Pasta

50 g Zwiebel
1 kleine Knoblauchzehe
100 g Räuchertofu
1 Handvoll frische Petersilie
1–2 EL Olivenöl
30 g Margarine
30 g Dinkelmehl, Type 630
500 ml Haferdrink
15 g Hefeflocken
1 TL scharfer Senf
1 Prise Salz
1 Prise Pfeffer
1–2 TL Tamari
1 Prise frisch geriebene Muskatnuss
1 EL helles Mandelmus
   (oder Cashewmus)
1–2 TL Zitronensaft
400 g Hartweizen Spaghetti

Für den Pinienkernparmesan

25 g geröstete Pinienkerne
15 g geröstete Sonnenblumenkerne
1 1/2 EL Hefeflocken
1/2 TL Salz
1/2 TL Knoblauchpulver
optional: 1 EL geschälte Hanfsamen

1 Zwiebel und Knoblauchzehe abziehen und würfeln. Räuchertofu würfeln. Petersilie hacken.

2 Öl in einer Pfanne erhitzen. Zwiebel-, Knoblauch- und Räuchertofuwürfel einige Minuten scharf anbraten, bis der Tofu herrlich duftet. Die Zutaten dann kurz beiseitestellen.

3 Margarine in einem Topf schmelzen lassen, Mehl mit einem Schneebesen einrühren und den Pflanzendrink nach und nach unter Rühren hinzugießen. Sauce mit Hefeflocken, scharfem Senf, einer kräftigen Prise Salz, Pfeffer, Tamari und Muskatnuss würzen. 1 EL Nussmus einrühren. Die Sauce 3–4 Minuten köcheln und leicht eindicken lassen.

4 Die Carbonarasauce mit Zitronensaft, Salz und Pfeffer abschmecken. Dann die angebratenen Zwiebel- und Räuchertofustückchen sowie die gehackte Petersilie untermengen. Ein wenig davon zum Garnieren zurückhalten.

5 Pasta in Salzwasser nach Packungsanleitung bissfest garen, mit der Carbonarasauce vermengen und mit frisch gehackter Petersilie, dem restlichen Räuchertofu bestreut und Olivenöl beträufelt servieren.

6 Wer Pinienkernparmesan hinzugeben möchte, pulsiert alle dafür angegebenen Zutaten in einem Mixer und streut diesen Parmesanersatz über das Gericht.

Super leckerer RESTERL PFANNKUCHEN

35 MIN. ZUBEREITUNGSZEIT
FÜR 2 PORTIONEN ODER 1 PFANNKUCHEN

SOJAFREI

Für den Teig
130 g Dinkelmehl, Type 630
1 Prise Kurkuma
1 Prise Salz
1 Prise Pfeffer
2 TL geschrotete Koriander- und Fenchelsamen
220 ml kaltes Wasser
optional: eine Prise Kala Namak (indisches Schwefelsalz)

Resterl (deine Gemüsereste), z. B.
40 g Zwiebeln
60 g Stück Rotkraut (oder Chinakohl)
50–70 g Zucchini
30 g Karotte
2–3 Kräuterseitlinge (oder Champignons)
1 EL Sesamöl
optional zum Garnieren:
   helle Sesamsamen, gehobeltes Rotkraut und Sprossen

1 Alle für den Teig angegebenen Zutaten miteinander verrühren. Den Teig bis zur Verwendung quellen lassen.

2 Die Gemüsereste in Streifen schneiden bzw. aufhobeln.

3 Sesamöl in einer Pfanne erhitzen. Die Gemüsestreifen auf dem Pfannenboden ausbreiten bzw. einschichten und dann den Teig darüber gießen. Bei hoher Temperatur 2–3 Minuten braten, bis der Teig leicht durchgestockt ist. Dann den Pfannkuchen wenden und erneut 2–3 Minuten anbraten.

4 Pfannkuchen mit Sesam, Rotkraut und Sprossen garnieren und nach Belieben mit Dips, Cashewsauce (siehe Seite 25) oder Hummus (siehe Seite 175) genießen.

Good to know: Tummeln sich wieder einmal allerlei Gemüsereste in deinem Kühlschrank? Dann ist dieser Resterl-Pfannkuchen das perfekte Gericht, um aus Überbleibseln einen wahren Gaumenschmaus zu zaubern.

BUNTE HERBSTLAUNE

Raffinierter BUTTERNUT HASSELBACK
mit Salbei

35 MIN. ZUBEREITUNGSZEIT
40 MIN. BACKZEIT
FÜR 4 PORTIONEN

 SOJAFREI

Für den Ofenkürbis
- 1 Butternut-Kürbis
- 3–4 EL Olivenöl
- 1 Knoblauchzehe
- 1 Prise Salz
- 1 TL Ras el-Hanout

Für das Couscous
- 150 g Couscous
- 350 ml Gemüsebrühe
- 80 g Zwiebeln
- 2–3 EL Olivenöl
- 1 EL Tomatenmark
- 1 TL edelsüßes Paprikapulver
- 1 TL Ras el-Hanout
- 1 Prise Salz
- Chiliflocken nach Belieben
- 1 TL Agavendicksaft (oder Reissirup)
- 1 EL Zitronensaft
- optional: 50 g Rosinen
- 25 g gehackte Pistazien
- 1/2 entkernter Granatapfel
- 1 Handvoll frische Petersilie

Für das Topping
- 40–50 g Margarine
- 1 kleines Bund Salbei
- 25 g geröstete Pinienkerne

1 Kürbis schälen, halbieren, entkernen, mit den Schnittflächen nach unten auf ein Backpapier legen. Kürbis mit etwas Öl einpinseln und im vorgeheizten Ofen bei 180 Grad Umluft (200 Grad Ober-/Unterhitze) rund 15 Minuten vorbacken.

2 Knoblauchzehe pressen, mit 3 EL Olivenöl, einer Prise Salz und Ras el-Hanout verrühren.

3 Vorgegarten Kürbis fächerförmig einschneiden. Dabei zwei Holzlöffel neben den Kürbis legen, um ein komplettes Durchtrennen zu verhindern. Knoblauch-Gewürzöl in die Fächer laufen lassen. Butternut bei 180 Grad Umluft nochmals ca. 20–25 Minuten backen.

4 Couscous in einer Schale mit 350 ml heißer Gemüsebrühe übergießen und abgedeckt quellen lassen. Währenddessen Zwiebeln abziehen und würfeln.

5 Öl in einer tiefen Pfanne erhitzen. Die Zwiebel- und Knoblauchwürfel 3–4 Minuten anbraten. Couscous und Tomatenmark einrühren und einige Minuten mitbraten. Mit Paprikapulver, Ras el-Hanout, Salz, Chiliflocken, Agavendicksaft und Zitronensaft würzen. Rosinen, Pistazien, Granatapfelkerne und gehackte Petersilie untermengen.

6 Einige Salbeiblätter in geschmolzener Margarine kurz rösten, bis sich das Aroma gelöst hat.

7 Butternut mit Salbeibutter begießen und mit gerösteten Pinienkernen bestreut auf dem Couscous servieren.

Bunte GARTEN FOCACCIA

30 MIN. ZUBEREITUNGSZEIT
80 MIN. RUHEZEIT
25–30 MIN. BACKZEIT

1 FOCACCIA

SOJAFREI

Für den Teig

450 g Dinkelmehl, Type 630
230 ml handwarmes Wasser
2 TL Agavendicksaft (oder Reissirup)
7 g Trockenhefe (1 Päckchen)
1 Prise Salz
optional: 1 EL geschrotetes Brotgewürz
    (zu gleichen Teilen Koriander-,
    Fenchel- und Kümmelsamen)
35 ml Olivenöl
    + Olivenöl für die Backform
    + etwas mehr zum Bepinseln der
    Focaccia

Für den Belag

Einige Streifen rote und gelbe Paprika
2 Frühlingszwiebeln
1/2 rote Zwiebel
5 bunte Cocktailtomaten
Einige Blätter frische Petersilie
2–3 zarte Stängel Brokkoli

Außerdem

Eine runde Backform:
    Durchmesser 27cm

1 Mehl in eine Schüssel sieben. In die Mitte eine Mulde drücken. Lauwarmes Wasser in die Vertiefung gießen und die Hefe darin einrühren. Ein wenig Mehl ebenso einrühren. Dann zugedeckt 10 Minuten ruhen lassen.

2 Nach der Ruhezeit Salz und Brotgewürz hinzugeben und alle Zutaten vermengen. Dabei Olivenöl nach und nach zugießen. Den Teig auf einer bemehlten Arbeitsfläche mehrere Minute lang kräftig durchkneten.

3 Teig abgedeckt an einem warmen Ort 50–60 Minuten gehen lassen, bis sich die Größe in etwa verdreifacht. Nochmals durchkneten und in eine mit Olivenöl ausgepinselte Backform einpassen. Teig erneut 10–15 Minuten gehen lassen.

4 Focaccia nach Belieben mit Kräutern und Gemüse in Blumenoptik verzieren.

5 Gartenfocaccia im vorgeheizten Ofen bei 200 Grad Umluft rund 25–30 Minuten backen, bis sie goldbraun ist.

6 Focaccia aus der Form heben und mit Olivenöl bepinselt warm servieren.

good to know: Ein Päckchen Trockenhefe entspricht einem halben frischen Hefewürfel.

Farbenfroh

BUNTE HERBSTLAUNE

Gefüllte SÜSSKARTOFFELN aus dem Ofen

25 MIN. ZUBEREITUNGSZEIT
45 MIN. BACKZEIT
FÜR 4 PORTIONEN

GLUTENFREI

Zutaten

- 4 Süßkartoffeln
- 100 g Zwiebeln
- 1 Knoblauchzehe
- 60 g Staudensellerie
- 240 g schwarze Bohnen (aus der Dose, Abtropfgewicht) (oder Kidneybohnen)
- 1 EL Kokosöl
- 3 EL Tomatenmark
- 1 Dose stückige Tomaten (400 g, im eigenen Saft)
- 1 Prise Salz
- 1 Prise Pfeffer
- 1 EL edelsüßes Paprikapulver
- 1/2 TL edelsüßes Paprikapulver
- 1 TL Kreuzkümmel
- 1 Handvoll frischer Koriander
- 200 g Brokkoli (ohne Strunk, zerkleinert)
- 1 Zitrone
- 4 EL ungesüßter pflanzlicher Joghurt
- 2 TL Tahini
- Chiliflocken nach Belieben
- Sprossen zum Garnieren

1 Süßkartoffeln waschen, mit einem Messer rundherum einstechen, auf ein mit Backpapier belegtes Blech geben und im vorgeheizten Ofen bei 200 Grad Umluft (220 Grad Ober-/Unterhitze) 40–45 Minuten garen.

2 Zwiebeln und Knoblauchzehe abziehen und würfeln. Staudensellerie fein aufschneiden. Die Bohnen abspülen.

3 Kokosöl in einem Topf erhitzen. Zwiebel- und Knoblauchwürfel darin glasig braten. Sellerie hinzufügen und 2 Minuten mit anbraten. Tomatenmark einrühren und kurz anrösten lassen. Die Zutaten mit den stückigen Tomaten ablöschen, die Bohnen untermengen, 70 ml Wasser dazugeben und die Zutaten rund 5 Minuten köcheln lassen. Konsistenz mit Wasser beliebig strecken.

4 Die Bohnen-Tomatensauce mit Salz und Pfeffer, süßem und geräuchertem Paprikapulver sowie Kreuzkümmel würzen. Eine Handvoll Koriander untermengen.

5 Brokkoliröschen 8–10 Minuten schonend dampfgaren, leicht salzen und mit 2 EL Zitronensaft beträufeln.

6 Die gegarten Süßkartoffeln aus dem Ofen nehmen und halbieren.

7 Aus Pflanzenjoghurt, Tahini, 1–2 EL Zitronensaft sowie Salz und Pfeffer eine Sauce anrühren und die Süßkartoffeln damit beträufeln. Die Bohnen-Tomatensauce darüber verteilen und Brokkoli dazugeben. Süßkartoffeln nach Belieben mit Chiliflocken bestreut und Sprossen garniert servieren.

Ganze ARTI-SCHOCKEN
zum Dippen

20 MIN. ZUBEREITUNGSZEIT
40–45 MIN. KOCHZEIT
FÜR 2 PORTIONEN

SOJAFREI GLUTENFREI

Zutaten

2 Artischocken
2–3 Zitronen
2 TL Salz
2 Knoblauchzehen
4 frische Lorbeerblätter
    (oder getrocknete Lorbeerblätter)

Diese Saucen und Dressings passen zum Dippen

Cremiges Seidentofu-Dressing S. 20
Klassische Salatvinaigrette S. 21
Thousand-Island-Dressing S. 24
Milde Cocktailsauce S. 23
Beliebtes Caesar-Dressing S. 27
Vielseitige Cashewsauce S. 25

1 Stiel der Artischocken an der Frucht abschneiden und jeweils die Spitze mit einem Brotmesser abtrennen. Blätter mit einer Schere rundherum einkürzen.

2 Artischocken gründlich putzen. Die Schnittflächen oben und unten mit Zitronensaft einreiben.

3 Einen großen Topf mit reichlich gesalzenem Wasser erhitzen. Die Artischocken ins Wasser setzen, eine in Scheiben geschnittene Zitrone, Lorbeerblätter sowie Knoblauchzehen hinzufügen.

4 Artischocken rund 40–45 Minuten kochen lassen, bis man die Blätter abzupfen kann (Kochzeit kann je nach Größe der Artischocken leicht variieren).

5 Während der Kochzeit einen oder mehrere der Dips ab Seite 20 zubereiten.

6 Gekochte Artischocken aus dem Wasser nehmen, abtropfen lassen und noch heiß mit den leckeren Dips servieren.

So geht der Genuss:

Zupfe die Artischockenblätter einzeln und von außen beginnend ab. Tauche die fleischige Seite in den Dip, so lässt sich das Fruchtfleisch ganz leicht mit den Zähnen lösen. Die unter den Blättern liegenden Häärchen (auch „Heu" genannt), mit einem Messer entfernen. Den Artischockenboden mit Dips gänzlich genießen.

BUNTE HERBSTLAUNE

Proteinreiche VOLLKORN PASTA
mit Linsenbällchen

25 MIN. ZUBEREITUNGSZEIT
20 MIN. BACKZEIT
FÜR 4 PORTIONEN

SOJAFREI

Für die Linsenbällchen

30 g geschrotete Leinsamen
150 g Tellerlinsen (oder braune Linsen)
Salz & Pfeffer
80 g Zwiebeln
1 kleine Knoblauchzehe
3–4 Steinchampignons (oder Shiitake)
75 g feine Haferflocken
2 TL scharfer Senf
1 EL edelsüßes Paprikapulver
optional: 1/2 TL geräuchertes Paprikapulver
1/2 TL Kreuzkümmel
1 EL Olivenöl

Für die Pasta und Sauce

70 g Zwiebeln
1 Knoblauchzehe
optional: 1 Stange Staudensellerie
1 EL Olivenöl
2 EL Tomatenmark
1 TL edelsüßes Paprikapulver
optional: 1 Schuss Rotwein
400 g stückige Tomaten
2 TL gerebelte Kräuter der Provence
1/2 TL Kreuzkümmel
Salz & Pfeffer
Eine Handvoll Basilikum
120 g Vollkornpasta / Portion

1 Geschrotete Leinsamen mit 4 El Wasser verrühren und quellen lassen.

2 Linsen mit Wasser spülen und in 550 ml leicht gesalzenem Wasser ca. 25 Minuten gar köcheln lassen. Bei Bedarf etwas Wasser nachgießen.

3 Zwiebeln und Knoblauchzehe abziehen und hacken. Champignons putzen und klein schneiden.

4 Haferflocken in einem Mixer zu Mehl mahlen. Linsen, gequollene Leinsamen, Champignon-, Zwiebel- und Knoblauchwürfel sowie scharfen Senf, die Paprikapulversorten, Kreuzkümmel, eine große Prise Salz und Pfeffer und 1 EL Olivenöl dazugeben und die Zutaten pürieren.

5 Mit leicht angefeuchteten Händen Bällchen formen und nebeneinander auf ein Blech mit Backpapier setzen. Linsenbällchen im vorgeheizten Ofen bei 200 Grad Umluft (220 Grad Ober-/Unterhitze) 20–22 Minuten backen.

6 Für die Sauce Zwiebeln und Knoblauchzehe abziehen und fein würfeln. Sellerie fein aufschneiden. Zutaten in einer Pfanne mit Öl einige Minuten anbraten. Dabei Tomatenmark und Paprikapulver hinzugeben. Mit Rotwein ablöschen und die stückigen Tomaten zufügen. Sauce rund 5–8 Minuten sanft köcheln lassen, mit Kräutern der Provence, Kreuzkümmel, Salz und Pfeffer würzen, gehackten Basilikum untermengen. Die Sauce mit Salz abschmecken.

7 Pasta nach Packungsanleitung in reichlich gesalzenem Wasser bissfest kochen.

8 Pasta mit den Bällchen und der Sauce sowie mit Basilikum garniert servieren.

Zauberhafte KÜRBIS BRÖTCHEN

30 MIN. ZUBEREITUNGSZEIT
90 MIN. RUHEZEIT
35 MIN. BACKZEIT

8–9 BRÖTCHEN

Zutaten

300 g ungeschälter Hokkaido-Kürbis
1–2 TL Rapsöl (oder Kokosöl)
   + 1 EL Öl zum Pürieren
1 Prise Salz
1 Prise frische Muskatnuss
1/2 TL Kurkuma
450 g Dinkelmehl, Type 630
7 g Trockenhefe (1 Päckchen)
1 TL Agavendicksaft (oder Reissirup)
2 EL Haferdrink
   (oder ein anderer Pflanzendrink)
Kochgarn zum Umwickeln
8–9 halbe Zimtstangen
1–2 TL Olivenöl zum Bepinseln
   der Brötchen

1 Kürbis entkernen und würfeln, mit Kokosöl vermengen und leicht gesalzen auf einem mit Backpapier belegten Blech verteilen.

2 Kürbiswürfel im vorgeheizten Ofen bei 220 Grad Ober-/Unterhitze (200 Grad Umluft) rund 15–20 Minuten weich backen.

3 Kürbis mit Muskatnuss, Kurkuma und 1 EL Kokosöl im Mixer cremig pürieren. Masse bei Bedarf mit 2–3 EL Wasser verdünnen.

4 Dinkelmehl in eine Schüssel sieben. In die Mitte eine Vertiefung drücken und 120 ml warmes Wasser hineingießen. Trockenhefe und Agavendicksaft im Wasser auflösen und etwas Mehl vom Seitenrand einrühren. Schüssel abdecken und die Hefe kurz gehen lassen.

5 Nach 5 Minuten eine Prise Salz sowie das Kürbispüree hinzugeben und einen Teig kneten. Eine Teigkugel formen und auf einer bemehlten Arbeitsfläche weiter geschmeidig kneten.

6 Teig in einer leicht eingeölten Schüssel ohne Zugluft ca. 60–90 Minuten gehen lassen. Der Teig sollte seine Größe in etwa verdoppeln.

7 Wenn der Teig aufgegangen ist, diesen nochmals kräftig kneten und in 8–9 Stücke teilen. Daraus Kugeln formen und diese kreuzweise mit Kochgarn umwickeln, so dass jedes Brötchen optisch geachtelt wird (1x über Kreuz, wie bei einem Packet und dann noch 2x im 45 Gradwinkel dazu). Garn dabei nicht(!) fest ziehen, sondern nur ganz locker auflegen.

BUNTE HERBSTLAUNE

KÜRBISBRÖTCHEN

8 Die mit Garn umwickelten Teigbällchen auf ein Blech mit Backpapier geben und abgedeckt nochmals 10 Minuten ruhen lassen.

9 Brötchen im vorgeheizten Ofen bei 180 Grad Umluft (200 Grad Ober-/Unterhitze) rund 17–20 Minuten backen und sie nach rund 12 Minuten Backzeit mit Pflanzendrink einpinseln, damit sie schön bräunen.

10 Brötchen aus dem Ofen holen, Garn entfernen und in jeden Kürbis eine halbe Zimtstange stecken. Die Kürbisbrötchen mit Olivenöl bepinselt warm genießen.

good to know:

Es ist wichtig, die Teiglinge nicht zu fest mit dem Garn zu umschließen, denn sie gehen beim Backen kräftig auf. Garn einfach locker auflegen. Beim Entfernen nach dem Backen kannst du eine Schere benutzen und die Schnüre herausziehen.

Süsser MILCH REIS
mit heißen Zimt-Zwetschken

10 MIN. ZUBEREITUNGSZEIT
25 MIN. KOCHZEIT
FÜR 1 PORTION

 SOJAFREI GLUTENFREI

Für den Milchreis
60 g Milchreis
330 ml Kokoswasser
   (oder Pflanzendrink)
1/2 reife Banane
1 Prise Salz
optional: 1 TL Zitronenzesten
optional: 1–2 EL geröstete Kokosflocken zum Garnieren

Für die Zimt-Zwetschken
150–170 g Zwetschken
1/2 TL Zimt
1 EL Ahornsirup
2–3 EL Zitronensaft

1 Milchreis mit Kokoswasser aufkochen lassen, dann Hitze reduzieren.

2 Eine halbe Banane fein zerdrücken, nach 10 Minuten Kochzeit mit einer Prise Salz in den Milchreis einrühren und diesen rund 18 Minuten ganz sanft köcheln lassen. Ab und zu umrühren und bei Bedarf gegen Ende der Kochzeit noch etwas Flüssigkeit nachgießen.

3 Anschließend Milchreis abgedeckt ohne Hitzezufuhr noch weitere 5–10 Minuten quellen lassen. Mit Zitronenzesten verfeinern.

4 Zwetschken halbieren, entsteinen und in einer Pfanne ohne Fett mit Zimt, Ahornsirup und Zitronensaft 5 Minuten sachte köcheln lassen. Die Zimt-Zwetschken anschließend zum Milchreis geben und diesen mit gerösteten Kokosflocken garniert genießen.

Genuss Tipp:

Arbeitsschritt 1-3 zeigt dir die Grundzubereitung von Milchreis. Probiere ihn auch mit Rhabarber-, Apfel- oder Birnenkompott. Mit heißen Kirschen, Himbeeren, ob mit Zimt und Zucker oder pur - immer ein Genuss.

Aromatisches BIRNEN KOMPOTT

20 MIN. ZUBEREITUNGSZEIT
3 STD. KÜHLZEIT

FÜR 4 PORTIONEN

Zutaten

- 4 reife Birnen
- 2 EL Zitronensaft
- 1 aufgeritzte Vanilleschote
- 1 Zimtstange
- 5 Nelken
- 2 Sternanis
- 3 EL Ahornsirup
- optional: Minze zum Garnieren (oder Zitronenmelisse)

1 Birnen vierteln, Kerngehäuse und Stiele wegschneiden. Dann die Birnenviertel jeweils halbieren.

2 Birnenstücke mit 700 ml Wasser in einem Topf erhitzen.

3 Zitronensaft, Vanilleschote, Zimtstange, Nelken und Sternanis hinzufügen. Sobald das Wasser kocht, Ahornsirup einrühren. Die Birnenstücke 5–7 Minuten bei leicht gekipptem Topfdeckel kochen lassen. Dann den Herd ausschalten, Deckel schließen und das Kompott auf dem noch warmen Herd stehen und abkühlen lassen. Das Kompott mindestens drei Stunden ziehen lassen.

4 Dann die Birnenspalten mit einem Löffel aus der Flüssigkeit heben und den Saft durch ein feines Sieb seihen. Danach die Birnenstücke wieder einlegen.

5 Birnenkompott gleich genießen oder nochmals über Nacht im Kühlschrank ziehen lassen.

6 Kompott mit Sternanis, Zimtstange und Minze garniert servieren.

BUNTE HERBSTLAUNE

Fabelhafter BANANEN KUCHEN

25 MIN. ZUBEREITUNGSZEIT
30 MIN. BACKZEIT
FÜR 6 PORTIONEN

Zutaten

3 Äpfel
230 g glutenfreie Haferflocken
3 TL Zimt
2 EL Ahornsirup
60 ml flüssiges Kokosöl
180 g Seidentofu
70 g helles Mandelmus
   (oder Cashewmus)
2 1/2 Bananen
2 TL Dattelsirup
   + Dattelsirup zum Beträufeln
   (oder mehr Ahornirup)
optional: 1 TL geschälte Hanfsamen
   zum Garnieren

Außerdem

Eine Springform: Durchmesser 24 cm

1 Backpapier über den Boden der Springform legen, Form schließen und überstehendes Backpapier einkürzen.

2 Äpfel waschen, entkernen und grob würfeln. Apfelstücke mit Haferflocken, 2 TL Zimt, 1 EL Ahornsirup und Kokosöl im Mixer pürieren und den Teig mit einem Löffel in die Springform streichen.

3 Kuchenboden im vorgeheizten Ofen bei 200 Grad Umluft (220 Grad Ober-/Unterhitze) 5–7 Minuten vorbacken.

4 Seidentofu, Mandelmus, 1/2 Banane, 1 TL Zimt und 1 EL Ahornsirup im Mixer pürieren und die Tofucreme auf dem vorgebackenen Kuchenboden verstreichen.

5 Kuchen mit Bananenscheiben von 2 Bananen belegen, mit 2 TL Dattelsirup beträufeln und Zimt bestäuben.

6 Kuchen anschließend 20–25 Minuten fertig backen. Mit Dattelsirup beträufelt und geschälten Hanfsamen bestreut genießen.

Duftender APFEL QUARK STRUDEL mit Vanillesauce

35 MIN. ZUBEREITUNGSZEIT
1 STD. KÜHLZEIT
20 MIN. BACKZEIT

FÜR 8 PORTIONEN

SOJAFREI

Für den Strudelteig
300 g Dinkelmehl, Type 630
   + etwas mehr für die Arbeitsfläche
250 g vegane Quarkalternative
250 g Margarine
1 Prise Rohrzucker
20 g Mandelblättchen zum Garnieren
optional: 1–2 TL geschälte Hanfsamen

Für die Füllung
700 g Äpfel
2 EL Zitronensaft
optional: 50 g Rosinen
50 g Margarine
60 g Rohrzucker
1 EL Zimt
40 g Rohmarzipanmasse

Für die Vanillesauce
6 EL Mandelmus
400 ml Haferdrink
   (oder ein anderer Pflanzendrink)
1/2 TL Guarkernmehl
   (oder 1 TL Johannisbrotkernmehl)
1 TL gemahlene Vanille
5 EL Ahornsirup

1 Mehl, Quark, Margarine und Rohrzucker in der Küchenmaschine zu einem Teig verarbeiten. Auf einer bemehlten Arbeitsfläche nachkneten. Dann 1–2 Stunden kalt stellen.

2 Äpfel entkernen, würfeln, mit Zitronensaft beträufeln und Rosinen unterheben.

3 Margarine in einem Topf schmelzen. Zucker und Zimt mit einem Schneebesen einrühren. Die Rohmarzipanmasse flöckchenweise dazugeben. Apfelstücke damit vermengen und auskühlen lassen.

4 Ein Küchenhandtuch ausbreiten und bemehlen. Strudelteig darauf mit der Längsseite zum Körper hin nicht zu dünn und rechteckig ausrollen.

5 Apfelfüllung auf das untere Viertel des Teiges geben. Zu den Seitenrändern hin etwas Platz lassen. Teig seitlich über die Füllung schlagen und den Strudel mit Hilfe des Küchenhandtuchs nach oben hin zurollen.

6 Strudel diagonal, mit der Naht nach unten auf ein mit Backpapier belegtes Blech setzen, mit Pflanzendrink bepinseln und mit Mandelblättchen bestreuen.

7 Strudel im vorgeheizten Ofen bei 180 Grad Umluft rund 20–25 Minuten goldbraun backen.

8 Alle für die Vanillesoauce angegebenen Zutaten erhitzen und cremig verrühren. Die Sauce mit Pflanzendrink nach Belieben verdünnen.

9 Apfelstrudel mit Vanillesauce und mit geschälten Hanfsamen bestreut servieren.

KEIMLINGE & SPROSSEN

Gekeimte Saaten sind richtiges Superfood, das du günstig und einfach selbst ziehen kannst. So bringst du mehr Geschmack, Abwechslung und wertvolle Vitalstoffe in deinen Speiseplan. Denn Keimlinge und Sprossen sind fabelhafte Nährstofflieferanten und richtige Protein-Powerpakete.

ES WÄCHST DAS GANZE JAHR

Vielleicht hättest du ein Sprossen-Kapitel eher im Frühlingsabschnitt dieses Buches erwartet, doch hier passt es hervorragend hin! Gerade zur kalten Jahreszeit, in der unser Körper einen hohen Nährstoffbedarf hat und regionales Gemüse vorrangig aus Lagerware, Kraut, Rüben und Wintersalaten besteht, sind Keimlinge und Sprossen ideal. Du kannst sie jederzeit selbst ziehen und hast so stets frisches, nährstoffreiches Biogemüse im Haus.

GROSSE AUSWAHL, KLEINER PREIS

Keimlinge stecken also voller wertvoller Inhaltsstoffe, sind aber zugleich günstig und bereichern deine Gerichte mit einer Vielfalt an Aromen. Die Auswahl an Keimgut ist riesig. Du kannst (Pseudo-)Getreide (z.B. Quinoa, Buchweizen, Hafer) ebenso keimen lassen, wie Saaten (etwa Brokkoli, Alfalfa) oder Hülsenfrüchte (z.B. Mungbohnen, Kichererbsen, Linsen). Leinsamen, Sonnenblumen- und Kürbiskerne lassen sich ebenfalls keimen.

KNACKIG FRISCHE MUNTER MACHER

Sprossen sind dicht bepackt mit Nährstoffen und Protein, das Dank des Keimvorgangs besonders gut von deinem Körper aufgenommen wird. Durch das Keimen werden außerdem Hülsenfrüchte bekömmlicher, weil schwer verdauliche Bestandteile der Kohlenhydrate abgebaut werden. Aber auch viele B-Vitamine, Vitamin E, C und Beta-Carotin machen Sprossen so wertvoll für dein Wohlbefinden.

UND SO GEHT'S

Alles, was du für deine eigene Sprossenzucht benötigst, sind Keimgut, Sprossengläser und Wasser.

Dann heißt es: Keimgut einweichen, keimen lassen und 2—3 mal täglich gründlich spülen. Die jeweilige Keimdauer variiert, ist aber meist auf der Verpackung angegeben. Was du dann Leckeres mit deinen Keimlingen machen kannst, zeige ich dir jetzt anhand einer Auswahl meiner liebsten Keimlingrezepte.

15 MIN. ZUBEREITUNGSZEIT
40 MIN. BACKZEIT
+ KEIMZEIT

FÜR 8 PORTIONEN ODER 1 BLECH

SOJAFREI · GLUTENFREI

Gekeimtes BUCHWEIZEN GRANOLA

Zutaten

250 g gekeimter Buchweizen
70 g glutenfreie Haferflocken
15 g geschrotete Leinsamen
1 reife Banane
30 g Kürbiskerne
30 g Mandelblättchen
15 g Cranberries (oder Rosinen)
1 TL Zimt
25 g Ahornsirup
3 EL Olivenöl
1 Prise Salz

1 Alle angegebenen Zutaten in einer Schüssel vermengen. Die Masse anschließend dünn auf einem mit Backpapier belegten Blech ausstreichen bzw. mit den Händen flach drücken.

2 Granola im vorgeheizten Ofen bei 160 Grad Ober-/Unterhitze (140 Grad Umluft) rund 35 Minuten backen.

3 Dann die „Granola-Platte" aus dem Ofen holen. Krosse Stücke an den Rändern abbrechen und zur Seite legen. Restliche Platte in Stücke reißen, wenden und nochmals 5–10 Minuten im Ofen trocknen und kross werden lassen.

4 Wenn alle Stücke kross und trocken sind, Granola genießen bzw. in einem geschlossenem Gefäß aufbewahren. Es hält mehrere Wochen.

15 MIN. ZUBEREITUNGSZEIT + KEIMZEIT

FÜR 2 PORTIONEN

SOJAFREI · GLUTENFREI

Gekeimtes
QUINOA PORRIDGE
mit Erdbeeren

Zutaten

150–180 g gekeimte helle Quinoa
40 g glutenfreie Haferflocken
1 reife Banane
  (oder 4–5 EL Apfelmark)
150 ml Reisdrink (oder Mandeldrink)
1 TL Vanilleextrakt
  (oder gemahlene Vanille)
2 EL Ahornsirup (oder Reissirup)
40 g Kokosraspel
150 g Erdbeeren
1 EL Zitronensaft
  Heidelbeeren zum Garnieren
  (oder anderes saisonales Obst)

1 Quinoa-Keimlinge mit heißem Wasser durchspülen und abtropfen lassen (1 EL zum Garnieren beiseitestellen).

2 Haferflocken, Bananenmus, Reisdrink, 1/2 TL Vanilleextrakt und 1 EL Ahornsirup erwärmen. Zutaten einige Minuten sachte köcheln lassen. Gekeimte Quinoa und Kokosraspel unterrühren und 2–3 Minuten mitkochen.

3 Erdbeeren waschen, Blattgrün entfernen und vierteln. Erdbeerviertel mit 1 EL Ahornsirup sowie 1/2 TL Vanilleextrakt und 1 EL Zitronensaft in einem Topf erwärmen und 2–3 Minuten ganz sachte köcheln.

4 Warmes Quinoa-Porridge auf Schalen verteilen und mit warmen Erdbeeren toppen. Mit Quinoa-Sprossen und Obst garniert servieren.

Gekeimter FALAFEL BURGER

40 MIN. ZUBEREITUNGSZEIT + KEIMZEIT

FÜR 4 PORTIONEN

SOJAFREI

Für die Patties

200 g gekeimte Kichererbsen
50–60 g (rote) Zwiebeln
1 Knoblauchzehe
1 Handvoll frischer Koriander (oder Petersilie)
2 EL helle Sesamsamen, ungeschält
1 EL Olivenöl
1 EL Zitronensaft
3–4 EL Kichererbsenmehl
1 TL gemahlener Kreuzkümmel
optional: 1 Prise Zimt
optional: 1 TL geschroteter Koriander
1 Prise Salz
1 Prise Pfeffer (oder Chiliflocken)
2 EL Rapsöl zum Anbraten (oder Kokosöl)

Für die Sauce

Cocktailsauce: Seite 23 oder
Cashewsauce: Seite 25

Für die Burger

4 Vollkornbrötchen
Einige Blätter Salat (z.B. Lollo bionda)
2–3 Tomaten
Sprossen nach Belieben
Sesamsamen zum Garnieren

1 Die gekeimten Kichererbsen mit heißem Wasser kräftig spülen und in einen Hochleistungsmixer geben. Zwiebeln und Knoblauchzehe abziehen, zerkleinern und hinzufügen.

2 Den frischen Koriander hacken und mit Sesam, Olivenöl, Zitronensaft, Kichererbsenmehl, Kreuzkümmel, einer Prise Zimt, geschrotetem Koriander sowie Salz und Pfeffer ebenfalls in den Mixer geben.

3 Die Zutaten zu einer Paste mixen. Bei Bedarf noch ein klein wenig Olivenöl für mehr Cremigkeit oder mehr Kichererbsenmehl zur Bindung hinzufügen. Dann 20 Minuten im Kühlschrank ruhen lassen.

4 Aus der Masse mit leicht angefeuchteten Händen vier Bratlinge formen und diese in heißem Öl beidseitig in der Pfanne anbraten, bis sie eine schöne Farbe angenommen haben.

5 Für die Burgersauce entweder die fruchtige Cocktailsauce (siehe Seite 23) oder die vielseitige Cashewsauce (siehe Seite 25) zubereiten.

6 Brötchen aufschneiden, mit Salat, der Burgersauce, den Falafel-Bratlingen, Tomatenscheiben und Sprossen belegen. Wer möchte, garniert die Burger noch mit hellen Sesamsamen.

Genuss Tipp: *Alternativ kannst du auch viele kleine Falafel-Bällchen formen und sie mit Dips oder im Wrap mit Gemüse, Hummus & Salat genießen.*

Gekeimte BUCHWEIZEN PIZZA

20 MIN. ZUBEREITUNGSZEIT
30 MIN. BACKZEIT
+ KEIMZEIT

FÜR 1 PIZZA

GLUTENFREI

Für den Pizzaboden

200 g gekeimter Buchweizen
1 EL Olivenöl
   + etwas mehr zum Einfetten
1 EL Kichererbsenmehl
1 Prise Salz
1 Prise Knoblauchpulver
   (oder 1/2 gepresste Knoblauchzehe)
1 TL Backpulver
1 EL Apfelessig

Für den Belag

1 kleine geschälte Knoblauchzehe
50 g über Nacht eingeweichte
   Cashews (oder 3 EL Cashewmus)
120 g Seidentofu
1 TL scharfer Senf
10 g Hefeflocken
1 EL Zitronensaft
je 1 Prise Salz und Pfeffer

Außerdem

4 Stangen grüner Spargel
   (alternativ Zucchinischeiben)
einige Zweige frischer Dill
etwas Rotkraut zum Garnieren
   (oder lila Spitzkohl)

1 Ein Blech mit Backpapier belegen und das Backpapier mit 1 TL Olivenöl einfetten. Das Einfetten des Backpapiers oder wahlweise einer Backmatte ist sehr wichtig. Sonst backt der Pizzaboden fest.

2 Gekeimten Buchweizen mit heißem Wasser intensiv spülen, abtropfen und in einen Hochleistungsmixer geben. 2 EL Sprossen zum Garnieren beiseitestellen.

3 1 EL Olivenöl, Kichererbsenmehl, eine Prise Salz, Knoblauch(pulver), Backpulver und Apfelessig zu den Buchweizenkeimlingen geben und eine homogene Masse mixen. Buchweizenteig rund auf das gefettete Backpapier auftragen.

4 Buchweizen-Pizzaboden im vorgeheizten Ofen bei 160 Grad Ober-/Unterhitze (150 Grad Umluft) ca. 20–22 Minuten vorbacken.

5 In der Zwischenzeit eingeweichte Cashewkerne, Seidentofu, scharfen Senf, Hefeflocken, Zitronensaft, eine kleine geschälte Knoblauchzehe sowie Salz und Pfeffer im Mixer zu einer Creme pürieren.

6 Grünen Spargel waschen, holzige Enden abschneiden und mit einem Schäler in feine Streifen schneiden. Dill waschen und hacken. Eine kleine Menge Rotkraut waschen und fein aufschneiden.

7 Vorgebackenen Pizzaboden mit der Tofucreme bestreichen, mit dem aufgehobelten Spargel belegen und 10–12 Minuten fertig backen.

8 Fertige Buchweizenpizza mit frischem Dill sowie lila Spitzkohl belegen, mit weiteren Buchweizenkeimlingen garnieren und mit Olivenöl beträufelt frisch aus dem Ofen genießen.

25 MIN. ZUBEREITUNGSZEIT + KEIMZEIT

FÜR 8–10 BULETTEN

GLUTENFREI

Gekeimte
LINSEN BULETTEN

Zutaten
50 g Zwiebeln
1 kleine Knoblauchzehe
200 g gekeimte Linsen
30 g geschrotete Leinsamen
80 g Kichererbsenmehl
1 EL Tomatenmark
1 TL scharfer Senf
1 TL edelsüßes Paprikapulver
1–2 TL frischer Majoran (oder gerebelt)
1 Prise Salz
1 EL Tamari
1 EL Olivenöl
optional: 2 EL weiße Sesamsamen
2 EL Pflanzenöl zum Anbraten

1 Zwiebeln und Knoblauchzehe abziehen, etwas zerkleinern und in den Mixer geben.

2 Gekeimte Linsen, geschrotete Leinsamen, Kichererbsenmehl, Tomatenmark, scharfen Senf, Paprikapulver, Majoran, eine Prise Salz, Tamari, Olivenöl und die Sesamsamen dazugeben. Die Zutaten kurz pürieren bzw. pulsieren.

3 Aus der Masse 8–10 Linsenbuletten formen. Sollte die Masse zu feucht sein, etwas mehr Kichererbsenmehl hinzufügen.

4 Pflanzenöl in einer Pfanne erhitzen und die Buletten von beiden Seiten einige Minuten anbraten, bis sie rundum kross und goldbraun sind.

5 Du kannst die Buletten warm wie kalt mit Dips, Hummus, Guacamole, Salsa oder Senf genießen, als Burger-Patties verwenden oder sie z. B. mit Kartoffelpüree servieren.

25 MIN. ZUBEREITUNGSZEIT
30 MIN. KOCHZEIT
+ KEIMZEIT

FÜR 2 PORTIONEN

SOJAFREI GLUTENFREI

Gekeimter HUMMUS

Zutaten

300 g gekeimte Kichererbsen
3 Knoblauchzehen, geschält
3 Lorbeerblätter
3 EL Olivenöl
1 EL Tahini (Sesammus)
1 EL Zitronensaft
1 Prise Salz
1 TL Kreuzkümmel
1 TL Sesam, geröstet zum Garnieren
Weitere (Kichererbsen-)Sprossen
   nach Belieben zum Garnieren
Einige Blätter frischer Koriander
   (oder Petersilie)

1 Gekeimte Kichererbsen mit Wasser bedeckt zum Kochen bringen. 2 Knoblauchzehen und Lorbeerblätter hinzufügen und auf mittlerer Stufe rund 35 Minuten köcheln lassen. Kichererbsen anschließend spülen.

2 Gekochte, gekeimte Kichererbsen mit Olivenöl, einer geschälten Knoblauchzehe, Tahini, Zitronensaft, Salz und Kreuzkümmel im Mixer cremig pürieren.

3 Gekeimten Hummus auf einen Teller streichen, mit Olivenöl und etwas Zitronensaft beträufeln und mit Sesam und frischem Koriander garniert servieren.

Gekeimtes LINSEN DAL
mit Brunnenkresse

30 MIN. ZUBEREITUNGSZEIT + KEIMZEIT
FÜR 4 PORTIONEN

GLUTENFREI

Zutaten
80 g Zwiebeln
1 Knoblauchzehe
1–2 EL Rapsöl
  (oder Kokosöl)
180 g rote Linsen
400 g stückige Tomaten (aus der Dose, Abtropfgewicht)
1 Handvoll Linsensprossen
  (von grünen oder Berglinsen)
2 TL Chilipulver
1/2 EL Kurkumapulver
1 Prise Salz
1 Prise Pfeffer
1 TL geschroteter Koriander
optional: 1 EL Tamari (für mehr Würze)

Für das Topping (optional)
4 EL ungesüßter pflanzlicher Joghurt
Brunnenkresse zum Garnieren
Chiliflocken nach Belieben

1 Zwiebeln und Knoblauchzehe abziehen und fein würfeln.

2 Öl in einem Topf erhitzen, Knoblauch und Zwiebeln kurz anschwitzen. Die roten Linsen zugeben, kurz anrösten und mit den stückigen Tomaten sowie 600 ml Wasser ablöschen.

3 Zutaten einmal aufkochen lassen, dann die Hitze reduzieren. Einige Linsensprossen für die Garnitur beiseitelegen, die restlichen unterheben und das Dal 20–25 Minuten sachte köcheln lassen. Bei Bedarf etwas Wasser nachgießen.

4 Dal mit Chilipulver, Kurkuma, einer Prise Salz und Pfeffer sowie geschrotetem Koriander würzen. Dal mit Tamari abschmecken.

5 Dal in Schalen anrichten. In jede Portion 1 EL Pflanzenjoghurt einrühren. Mit Linsensprossen und Brunnenkresse garnieren. Nach Belieben mit Chiliflocken bestreut genießen.

Gekeimte MUNG BOHNEN DOSAS mit Currykartoffeln

25 MIN. ZUBEREITUNGSZEIT + KEIMZEIT

FÜR 4 PORTIONEN ODER 6 STÜCK

SOJAFREI GLUTENFREI

Für die Dosas
40 g Zwiebeln (oder Schalotten)
1 Knoblauchzehe
500 g gekeimte Mungbohnen
4 EL Teffmehl (oder Reismehl)
1 große Prise Salz
1/2 TL Kurkuma
1 TL edelsüßes Paprikapulver
2 TL Schwarzkümmel
  (oder schwarze Sesamsamen)
Rapsöl zum Braten (oder Kokosöl)

Für die Kartoffeln
750 g Kartoffeln
1 Prise Salz
300 g Tomaten
1 Knoblauchzehe
optional: 1 grüne Chilischote
1–2 EL Kokosöl
1–2 TL Hot-Madras-Curry
  (oder Bombay-Curry)
optional: 1 TL gelbe Senfsaat
1 Prise Kurkumapulver
1 kräftige Prise Salz
100 ml Kokosmilch
optional: 1 Handvoll frischer Koriander

1 Kartoffeln schälen, halbieren oder vierteln und in reichlich gesalzenem Wasser 12–17 Minuten (je nach Kartoffelsorte) weich kochen. Danach Kartoffeln abkühlen lassen und würfeln.

2 Tomaten achteln, Kerne herausschneiden und würfeln. Knoblauchzehe schälen und hacken. Grüne Chilischote entkernen und würfeln.

3 Kokosöl in einer Pfanne erhitzen und die Kartoffelwürfel darin scharf anbraten. Curry, Senfsaat und Kurkuma hinzufügen, dann alles salzen. Jetzt die Tomatenstücke, Knoblauch und die Chili dazugeben. Nach einigen Minuten die Kokosmilch aufgießen, die Kartoffeln mit der Gabel leicht zerquetschen und verrühren. Ein paar Korianderblätter zum Garnieren zur Seite legen, den Rest klein hacken und unter die Kartoffelfüllung heben.

4 Für die Dosas Zwiebeln und Knoblauch schälen, etwas zerkleinern. Wenige Mungbohnenkeimlinge für die Garnitur beiseitelegen, die restlichen mit den Zwiebeln, dem Knoblauch, Teffmehl, Salz, Kurkuma, Paprikapulver sowie 220 ml Wasser im Mixer pürieren. Den Schwarzkümmel unterrühren. Nach Bedarf noch etwas Wasser hinzugeben.

5 Wenige Tropfen Öl in einer flachen Pfanne verteilen und erhitzen. Ein Schöpfkelle Teig mittig in die heiße Pfanne geben und mit einem Silikonpinsel rund ausstreichen. Dosa anbraten, wenden und nochmals 1 Minute braten. So verfahren, bis der gesamte Teig aufgebraucht ist.

6 Gekeimte Mungbohnen-Dosas mit Kartoffelmasse füllen, frischen Koriander dazugeben und mit Keimlingen oder Sprossen garniert servieren.

KÖSTLICHE WINTER FREUDEN

Die Temperaturen sinken, der Appetit auf Deftiges und Nahrhaftes steigt. Jetzt geben Kraut und Rüben, Klöße und Saucen sowie herrliche Naschereien den Ton an.

Herzhaftes GRÜNKOHL NUSSBROT

30 MIN. ZUBEREITUNGSZEIT
45 MIN. BACKZEIT

FÜR 6 PORTIONEN ODER 1 BROT

Zutaten

- 30 g geschrotete Leinsamen
- 75 g getrocknete, eingelegte Tomaten
- 100 g Grünkohl (Gewicht ohne Strunk)
- 250 g Dinkelmehl, Type 630
- 50 g gemahlene Haselnüsse
- 1 TL Backpulver
- 1/2 TL Natron (oder mehr Backpulver)
- 1 EL Apfelessig (oder Zitronensaft)
- 70 ml flüssiges Kokosöl
   + etwas mehr zum Fetten der Form
- 45 g ganze Haselnüsse
- 50 g pflanzlicher Reibekäse
- 150 ml Pflanzendrink
- 50 ml Mineralwasser (mit Kohlensäure)
- 1 große Prise Salz
- 1 Prise Knoblauchpulver
- 1 große Prise frische Muskatnuss

Außerdem

Eine Backkastenform:
   22-24 cm Kantenlänge

1 Leinsamen mit 4 EL Wasser verrühren und bis zur Verwendung quellen lassen. Eingelegte Tomaten abtropfen lassen und hacken.

2 Grünkohl von der harten Mittelrippe befreien, in Stücke zupfen und diese rund 5 Minuten in Dampf oder 2–3 Minuten in heißem Wasser blanchieren. Blättchen kalt abspülen und trocken tupfen.

3 Dinkelmehl in eine Schüssel sieben. Gemahlene Haselnüsse, Backpulver, Natron, Apfelessig und die gequollenen Leinsamen hinzufügen. Ebenso alle restlichen Zutaten, die Gewürze, den vorbereiteten Grünkohl und die gehackten Tomaten dazugeben und einen gleichmäßigen Teig anrühren. Kräftig salzen.

4 Backform einfetten und mit Mehl bepudern. Den Teig hinein streichen.

5 Grünkohl-Nussbrot im vorgeheizten Ofen bei 180 Grad Umluft (200 Grad Ober-/Unterhitze) rund 45 Minuten backen, kurz auskühlen lassen, in Scheiben schneiden und genießen.

Winterliche MARONEN PASTA
mit Rosenkohl

35 MIN. ZUBEREITUNGSZEIT
FÜR 2–3 PORTIONEN

Zutaten

200–220 g frischer Rosenkohl
1 Prise Salz
80 g Schalotten (oder Zwiebeln)
1 Knoblauchzehe
200 g gekochte Maronen
100 g Knollensellerie
2–3 EL Olivenöl
7–8 Zweige Thymian
1 TL + 1/2 EL Reissirup
   (oder Agavendicksaft)
1 Schuss Weißwein (kann durch
   50 ml Gemüsebrühe ersetzt werden)
250 ml Gemüsebrühe
150 ml Hafersahne
   (oder eine andere Pflanzen Cuisine)
2 EL Hefeflocken
1 Prise Pfeffer
1 Prise frische Muskatnuss
1 EL Tamari
   (ohne Tamari ist das Gericht sojafrei)
2 x eine Prise Knoblauchpulver
   (oder je 1/2 Knoblauchzehe)
220 g Tagliatelle
   (mit Reis- oder Linsenpasta ist das
   Gericht auch glutenfrei)

1 Rosenkohl putzen, Strunkansätze einkürzen und die Röschen in heißem Salzwasser ca. 8–10 Minuten garen lassen. Den Rosenkohl kalt abbrausen.

2 Schalotten und Knoblauchzehe abziehen und würfeln. Die Hälfte(!) der gekochten Maronen fein zerbröseln. Knollensellerie entrinden und würfeln.

3 1–2 EL Olivenöl in einer Pfanne erhitzen. Schalotten- und Knoblauchwürfel darin kurz dünsten. Gebröselte Maronen, Selleriewürfel sowie die Blättchen von 5–6 Zweigen Thymian hinzufügen, die Zutaten mit Reissirup beträufeln und kurz anbraten.

4 Zutaten mit einem Schuss Weißwein ablöschen. Mit 200 ml Gemüsebrühe aufkochen. Die Zutaten so lange köcheln lassen, bis die Brühe stark verdampft bzw. eingekocht ist.

5 Hafersahne aufgießen, Hefeflocken einrühren und die Sauce mit rund 50 ml Gemüsebrühe strecken. Zutaten mit einem Stabmixer fein pürieren. Sauce mit Salz, Pfeffer, Muskat, Tamari und Knoblauchpulver würzen und abschmecken.

6 Tagliatelle in gesalzenem Wasser gemäß Packungsanleitung bissfest kochen.

7 Den vorgegarten Rosenkohl zum Teil halbieren und zusammen mit den restlichen, ganzen Maronen kurz in 1/2 EL Olivenöl anbraten. Die Zutaten mit 1/2 EL Reissirup karamellisieren lassen, eine Prise Knoblauch hinzufügen und salzen.

8 Pasta mit der Maronensauce vermischen, karamellisierten Rosenkohl und die Maronen unterheben. Pasta auf Tellern anrichten und mit Thymianblättchen garniert servieren.

Würzige APFEL SELLERIE SUPPE mit Meerrettich

35 MIN. ZUBEREITUNGSZEIT + TROCKENZEIT

FÜR 4 PORTIONEN

SOJAFREI GLUTENFREI

Zutaten
- 50–80 g Schalotten (oder Zwiebeln)
- 300 g Knollensellerie
- 300 g Äpfel
- 150 g mehligkochende Kartoffeln
- 2 EL Olivenöl
- 4–5 Zweige Thymian
- 1 TL Apfeldicksaft
  (oder eine andere flüssige Süße)
- 1 Schuss Weißwein
  (kann durch Brühe ersetzt werden)
- 700 ml Gemüsebrühe
- 200 ml Hafersahne
  (oder eine andere Pflanzen Cuisine)
- 1 Stück Meerrettich-Wurzel
  (oder 2 TL Meerrettich aus dem Glas)
- 1 Prise Salz
- 1 Prise Pfeffer
- 1 Prise frische Muskatnuss
- 1–2 EL Zitronensaft

Optional zum Garnieren
- 1–2 Äpfel

1 Mit der Zubereitung der Äpfel für die Garnitur beginnen. Äpfel in dünne Scheiben schneiden und auf einem mit Backpapier belegten Blech im vorgeheizten Ofen bei 100 Grad Ober-/Unterhitze (80 Grad Umluft) rund 2 1/4 Stunden trocknen lassen.

2 Schalotten abziehen, fein würfeln. Sellerie entrinden und würfeln. Äpfel entkernen und ebenfalls würfeln. Kartoffeln schälen und klein schneiden.

3 Olivenöl in einem Topf erhitzen. Die Schalottenwürfel kurz anschwitzen. Sellerie- und Kartoffelwürfel sowie einige Blättchen frischen Thymian hinzugeben und einige Minuten mit anbraten. Zutaten mit Apfeldicksaft 2 Minuten karamellisieren. Ab und zu umrühren.

4 Zutaten mit einem Schuss Weißwein ablöschen, Apfelstücke hinzugeben und die Gemüsebrühe aufgießen. Suppe rund 20 Minuten köcheln lassen.

5 Hafersahne zur Suppe gießen und 1 TL geschälten Meerrettich hineinreiben. Die Suppe mit Salz und Pfeffer sowie Muskatnuss würzen und mit einem Stabmixer fein pürieren.

6 Suppe mit Meerrettich, Zitronensaft und Salz abschmecken. Konsistenz mit Wasser oder Brühe nach Belieben strecken.

7 Die Apfel-Selleriesuppe mit Hafersahne beträufeln und mit getrockneten Apfelscheiben und Thymianblättchen garniert heiß servieren. Wer möchte, reibt noch frischen Meerrettich über die Suppe.

Sahniges STECK RÜBEN GRATIN mit Grünkernbolognese

25 MIN. ZUBEREITUNGSZEIT
45 MIN. BACKZEIT
FÜR 4–6 PORTIONEN

Zutaten

50 g Grünkernschrot
60–70 g Zwiebeln
1 Knoblauchzehe
1 EL Pflanzenöl
2–3 EL Tomatenmark
1 kleiner Schuss Rotwein
   (oder 50 ml Gemüsebrühe)
1 TL geräuchertes Paprikapulver
   (oder scharf)
1 TL edelsüßes Paprikapulver
1 TL Kreuzkümmel
1 Prise Salz
1 Prise Pfeffer
600 g Steckrüben
300 g vorwiegend festkochende
   Kartoffeln
Pflanzenöl zum Fetten der Form
320 ml ungesüßter Haferdrink
20 g Hefeflocken
1 TL scharfer Senf
1 Knoblauchzehe
1 EL Tamari (ohne Tamari ist das
   Gericht auch sojafrei)
4–5 Zweige frischer Thymian

Für den Hefeschmelz

10 g Margarine
15 g Dinkelmehl, Type 630
10 g Hefeflocken
1 TL scharfer Senf
1 Prise Salz
1 Prise Pfeffer (oder Chilipulver)
240–250 ml ungesüßter Haferdrink

Außerdem

Eine runde Backform: Durchmesser 27cm

Good to know: Der Hefeschmelz eignet sich auch zum Überbacken von Lasagne und Aufläufen sowie als Käseersatz auf Pizzen.

STECKRÜBEN-GRATIN

1 Grünkern mit Wasser spülen. Zwiebeln und Knoblauchzehe abziehen und fein würfeln.

2 Pflanzenöl in einer Pfanne erhitzen. Zwiebel- und Knoblauchwürfel anschwitzen, Grünkernschrot dazugeben, kurz anrösten. Tomatenmark einrühren, ebenfalls anrösten und die Zutaten mit einem Schuss Rotwein ablöschen. 100 ml Wasser aufgießen und den Grünkern rund 5 Minuten sachte köcheln lassen, bis die Flüssigkeit verdampft und die Bolognese bröselig ist.

3 Bolognese mit beiden Paprikapulversorten, Kreuzkümmel sowie Salz und Pfeffer würzen und bereitstellen.

4 Steckrüben sowie Kartoffeln schälen und in dünne Scheiben hobeln.

5 Haferdrink, Hefeflocken, scharfen Senf, Knoblauch sowie Tamari, Salz und Pfeffer im Mixer pürieren. Die Blättchen von 4–5 Zweigen Thymian abstreifen und unterrühren.

6 Gehobelte Rüben- und Kartoffelscheiben mit der sahnigen Sauce vermischen, nochmals salzen und in eine gefettete Auflaufform schichten. Dabei immer wieder etwas von der Grünkernbolognese mit einschichten. Den Rest der Sauce über die Zutaten gießen.

7 Margarine in einem Topf schmelzen lassen, Mehl einrühren und den Haferdrink nach und nach unter Rühren aufgießen. Hefeflocken ebenfalls einrühren und den Hefeschmelz mit scharfem Senf, Salz und Pfeffer würzen. Hefeschmelz zuletzt auf dem Gratin verteilen.

8 Gratin im vorgeheizten Ofen bei 200 Grad Umluft (220 Grad Ober-/Unterhitze) für 40–45 Minuten backen (bei Bedarf mit Backpapier abdecken).

9 Rübengratin mit Pfeffer übermahlen und mit Thymian garniert frisch aus dem Ofen servieren.

Good to know: *Du kannst die Basiszutaten in diesem Rezept variieren. Probiere das Gratin z. B. nur mit Süßkartoffeln oder mit Kartoffeln und Lauch.*

Deftige WIRSING ROULADEN
mit Kürbisreis in Weißweinsauce

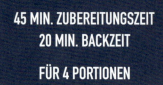

45 MIN. ZUBEREITUNGSZEIT
20 MIN. BACKZEIT

FÜR 4 PORTIONEN

Für die Wirsingrouladen
2 Zwiebeln (zu je 60–80 g)
8 Nelken
150 g Basmatireis
1 Prise Salz
300–320 g Hokkaido-Kürbis
1/2 EL Kokosöl (oder Olivenöl)
1/2 TL Knoblauchpulver
(oder eine Knoblauchzehe)
1/2 TL Kreuzkümmel
(oder edelsüßes Paprikapulver)
2–3 Frühlingszwiebeln
1/2 EL Curry (z.B. Hot-Madras-Curry oder Bombay-Curry)
6 große, schöne Wirsingblätter
3 EL Öl zum Braten
200 ml Gemüsebrühe

Für die Weißweinsauce
Siehe Zutaten und Zubereitung im Saucenkapitel auf Seite 28

Außerdem
Zahnstocher zum Fixieren (oder Bratgarn)
Eine Auflaufform: 23x30 cm

1 Eine Zwiebel schälen, halbieren und mit 4–5 Nelken spicken. Den Reis mit den Zwiebelhälften in 430 ml leicht gesalzenem Wasser rund 15 Minuten köcheln. Dann Zwiebelhälften entfernen.

2 Eine Zwiebel abziehen und würfeln. Hokkaido waschen, entkernen und würfeln. Kürbis- und Zwiebelwürfel mit Olivenöl, Salz, Knoblauchpulver und Kreuzkümmel vermischt in eine Auflaufform geben. Zutaten bei 220 Grad Ober-/Unterhitze 12–15 Minuten backen.

3 Gekochten Reis mit dem Kürbis-Zwiebel-Mix vermengen. Frühlingszwiebeln in Röllchen geschnitten hinzugeben. Den Reis mit Curry würzen und mit Salz abschmecken.

4 Einen Topf mit Wasser zum Kochen bringen. Eine Schale mit kaltem Wasser füllen. Den harten Strunk der Wirsingblätter mit einem Messer abflachen und die Blätter ca. 2–3 Minuten im heißen Wasser blanchieren. Danach kalt abschrecken.

5 Je ein Wirsingblatt mit dem Strunk zum Körper zeigend mit 3–4 EL Füllung versehen, von unten einschlagen, dann seitlich einschlagen und nach oben hin zurollen. Mit einem Zahnstocher fixieren.

6 Wirsingrouladen kurz in Öl anbraten, in eine gefettete Auflaufform schichten und ca. 15 Minuten bei 180 Grad Ober-/Unterhitze backen. Bei Bedarf mit etwas Flüssigkeit (Brühe oder Wasser) übergießen.

7 Die Weißweinsauce nach Rezept auf Seite 28 zubereiten, mit 50–80 ml Pflanzendrink verdünnen, in die Auflaufform gießen und mit den Rouladen 5 Minuten erwärmen. Danach sofort servieren.

Traditionelles APFEL ROTKRAUT

30 MIN. ZUBEREITUNGSZEIT
1 STD. KOCHZEIT
FÜR 4–6 PORTIONEN

Zutaten

- 750–800 g Rotkraut
- 300 g Äpfel
- 80 g Zwiebeln
- 3 EL Apfelessig
- 1 Prise Salz
- 25–30 g Margarine
- 3 EL Balsamicoessig
- 200 ml Rotwein (kann durch Wasser oder Traubensaft ersetzt werden)
- 1 Prise Pfeffer
- 1/2 TL gemahlener Piment (oder 6 Pimentkörner im Mörser zerstoßen)
- 4–5 frische Lorbeerblätter (oder getrocknet)
- 5 Nelken
- 1 EL Ahornsirup
- 150 ml frisch gepresster Orangensaft
- zum Garnieren: einige Blätter frische Petersilie

1 Rotkraut fein aufschneiden, die Äpfel entkernen und würfeln. Zwiebeln abziehen und ebenfalls würfeln.

2 Das Rotkraut mit Apfelessig und einer kräftigen Prise Salz durchkneten, bis es weich und elastisch ist. Rotkraut anschließend 15 Minuten ziehen lassen.

3 Margarine in einem Topf schmelzen lassen und die Zwiebeln darin 2–3 Minuten dünsten. Rotkraut hinzufügen und 3–4 Minuten anbraten. Immer wieder umrühren.

4 Die Zutaten mit Balsamicoessig und Rotwein ablöschen. Eine kräftige Prise Salz, Pfeffer, Piment, Lorbeerblätter, Nelken und Ahornsirup hinzufügen. Den Orangensaft und 250–300 ml Wasser hinzugeben. Die Apfelstücke unterheben.

5 Zutaten bei geschlossenem Deckel(!) auf kleiner Hitze mindestens 1 Stunde sanft köcheln lassen. Nach rund 10 Minuten Kochzeit nochmals 100–150 ml Wasser unterrühren und das Kraut sanft weiter köcheln lassen. Nach weiteren 10–15 Minuten Kochzeit nochmals 100 ml Wasser zufügen. Immer wieder umrühren und bei Bedarf etwas mehr Wasser dazugeben.

6 Das Rotkraut gegen Ende der Kochzeit mit Salz und Apfelessig sowie optional noch mit etwas mehr Ahornsirup abschmecken.

7 Nelken und Lorbeerblätter nach dem Kochen entfernen. Das Apfelrotkraut nach Belieben mit Petersilie bestreut servieren.

Halb halb
KARTOFFEL KLÖSSE
mit Brotkern

25 MIN. ZUBEREITUNGSZEIT
35 MIN. KOCHZEIT

FÜR 4 PORTIONEN ODER 7–8 KLÖSSE

Zutaten

1 kg mehligkochende(!) Kartoffeln
1 Prise Salz
1 Scheibe dunkles Brot (oder getoastetes Toastbrot)
15 g Margarine
1 Prise Knoblauchpulver
optional: 3–4 Zweige Thymian
1 Prise Pfeffer
1 Prise frische Muskatnuss
3 EL Kartoffelmehl
einige Blätter frische Petersilie, gehackt

1 Kartoffeln waschen und die Hälfte(!) der Kartoffeln ungeschält in reichlich gesalzenem Wasser weich kochen. Je nach Kartoffelsorte und -größe dauert dies in etwa 20–25 Minuten.

2 Die zweite Hälfte der Kartoffeln schälen und fein aufreiben. Kartoffelraspel in einem sauberen Küchenhandtuch kräftig auspressen.

3 Brot in Stücke schneiden. Margarine in einer Pfanne erhitzen und die Brotstücke rundherum goldbraun anbraten, leicht salzen, mit Knoblauchpulver würzen und mit ein paar Thymianblättchen vermengen.

4 Die gekochten Kartoffeln schälen und durch eine Kartoffelpresse drücken. Die rohen Kartoffelraspel dazugeben. Masse mit reichlich Salz, Pfeffer und Muskatnuss würzen. Die Zutaten unter Zugabe von 3 EL Kartoffelmehl zu einem glatten Teig verkneten.

5 Einen großen Topf mit gesalzenem Wasser aufsetzen und zum Kochen bringen.

6 Eine Teigportion in die Hand nehmen, flach drücken, einige geröstete Brotstücke darauf legen und einen festen runden Kloß formen. So verfahren bis alle Klöße geformt sind.

7 Kartoffelklöße im heißen Wasser (siedend, nicht „blubbernd" kochend) rund 12–15 Minuten gar ziehen lassen, bis sie an die Oberfläche treiben. Dann sofort aus dem Wasser heben.

8 Klöße mit frischer Petersilie bestreut servieren.

Grüne BOHNEN PÄCKCHEN
im Reispapier-Speck

20 MIN. ZUBEREITUNGSZEIT
10 MIN. BACKZEIT
5 MIN. GARZEIT

FÜR 4 PORTIONEN

GLUTENFREI

Für die grünen Bohnen

600 g grüne Stangenbohnen
5–6 Reispapierblätter (Asialaden)
1 Prise Knoblauchpulver
1 Prise Salz
1 Prise Pfeffer
optional zum Garnieren: 2 EL geröstete Pinienkerne und Bohnenkraut

Für die Marinade

3 EL Tamari
2 EL Sesamöl
2 TL Flüssigrauch (Liquid Smoke)
1 TL Ahornsirup
1/2 TL scharfer Senf
1 TL Ahornsirup
1 TL Knoblauchpulver
1/2 TL geräuchertes Paprikapulver
1 TL edelsüßes Paprikapulver
Chiliflocken oder Harissa nach Belieben

1 Die Stangenbohnen putzen, die spitzen Enden kappen und die Bohnen rund 5 Minuten dampfgaren oder 3–4 Minuten in Wasser kochen.

2 Alle für die Marinade angegebenen Zutaten vermengen und die Reispapierblätter mit einem Messer in Streifen schneiden. Eine kleine Schüssel mit warmem Wasser bereitstellen.

3 Je einen Reispapierstreifen zuerst ca. 30–40 Sekunden im warmen Wasser einweichen, dann durch die Marinade ziehen und jeweils ein Päckchen grüne Bohnen mit dem Reispapierstreifen umwickeln bzw. darin aufrollen. So verfahren bis alle Bohnen umwickelt sind. Diese nebeneinander auf ein mit Backpapier belegtes Blech legen.

4 Bohnen im Reispapier-Speck im vorgeheizten Ofen bei 200 Grad Umluft (220 Grad Ober-/Unterhitze) rund 10 Minuten backen. Bohnen mit Salz und Pfeffer übermahlen. Wer möchte, gibt noch 2 EL geröstete Pinienkerne und Bohnenkraut hinzu.

Weihnachtlicher LINSEN BRATEN
im Blätterteigmantel

40 MIN. ZUBEREITUNGSZEIT
1 STD. BACKZEIT
20 MIN. BLÄTTERTEIG

FÜR 4–6 PORTIONEN

Zutaten

200 g Berglinsen
1 Prise Salz
1 Prise Pfeffer
40 g geschrotete Leinsamen
100 g Zwiebeln
1 Knoblauchzehe
200 g Champignons (oder Shiitake)
100 g feine Haferflocken
100 g Zucchini
optional: 20 g rohe rote Bete
80 g Karotten
70 g gehackte Walnüsse
1 EL Pflanzenöl + 1 EL Öl für den Teig
2 EL gerebelte Kräuter der Provence
1 EL Balsamicoessig
50 g Kichererbsenmehl
4 EL Tamari
1 EL edelsüßes Paprikapulver
2 Zweige Rosmarin
1 Rolle Blätterteig (ohne Blätterteig ist das Rezept auch glutenfrei)
3–4 EL Preiselbeermarmelade
3 EL Pflanzendrink

Außerdem

Eine Backkastenform: 26 cm Kantenlänge

1 Linsen nach Packungsanweisung weich garen und mit einem Stabmixer stückig pürieren.

2 Leinsamen mit 5 EL Wasser verrühren. Zwiebeln, Knoblauchzehe und Champignons fein würfeln. Haferflocken im Mixer pulsieren. Zucchini, Rote Bete und Karotten aufreiben.

3 Zwiebeln- und Knoblauchwürfel in etwas Öl anschwitzen, Champignons dazugeben und einige Minuten anbraten, salzen und pfeffern sowie 1–2 TL Kräuter der Provence dazugeben. Mit Balsamico Essig ablöschen und einköcheln lassen.

4 Linsen, Leinsamen, gebratene Champignons, Gemüseraspel, Kichererbsenmehl, 1 EL Öl, 1–2 EL Tamari, gehackte Walnüsse, eine große Prise Salz und Pfeffer, 1 EL Kräuter der Provence und Paprikapulver gründlich vermischen.

5 Kastenform mit Backpapier auslegen. Teig in die Kastenform streichen, mit 2 EL Tamari bepinseln und mit Rosmarin-Nadeln bestreuen.

Good to know: *Du kannst für dieses Rezept auch Tellerlinsen, grüne oder braune Linsen verwenden. Nur Belugalinsen oder weichkochende Sorten, wie rote oder gelbe Linsen, eignen sich nicht.*

LINSENBRATEN

6 Braten im vorgeheizten Ofen bei 200 Grad Umluft (220 Grad Ober-/Unterhitze) 55–60 Minuten backen und dann vollkommen auskühlen lassen.

7 Blätterteig mit der Längsseite zum Körper hin ausrollen, den Braten mit der kurzen Seite zum Körper zeigend mittig darauf setzen und den Blätterteig vom Rand bis zum Braten hin mit dem Messer in Streifen schneiden.

8 Braten mit Preiselbeersauce bestreichen, den Blätterteig kreuzförmig über den Braten legen und mit Pflanzendrink bepinseln.

9 Den umhüllten Braten bei 180 Grad Umluft 25–30 Minuten goldbraun backen. Linsenbraten mit Beilagen nach Wahl und der herrlichen veganen Bratensauce von Seite 32 servieren.

Geschmortes ORANGEN ROTKRAUT
auf Pastinakenpüree

20 MIN. ZUBEREITUNGSZEIT
25 MIN. BACKZEIT
FÜR 2 PORTIONEN

Zutaten
1/2 Rotkraut (ca. 450 g)
35 g Walnüsse (oder Pekannüsse)
1–2 TL Ahornsirup
1 Prise Salz
2 EL Olivenöl
   + etwas mehr für die Form
1 EL Tamari
2 EL Orangensaft
1/2 TL Glühweingewürz
1 EL Rotwein (oder Orangensaft)
2 Zweige Rosmarin

Für das Püree
200 g mehligkochende Kartoffeln
280–300 g Pastinaken
25 g Margarine
1 EL Hefeflocken
30 ml ungesüßter Pflanzendrink
1 kleine Knoblauchzehe
1 Prise Salz
1 Prise frische Muskatnuss
1 Prise Zimt

Außerdem
Eine Auflaufform: 23x30 cm

1 Rotkraut putzen, in Scheiben schneiden und in eine mit Olivenöl ausgepinselte Auflaufform schichten.

2 Walnüsse hacken und mit 1–2 TL Ahornsirup sowie einer kleinen Prise Salz kurz in einer Pfanne karamellisieren lassen.

3 2 EL Olivenöl, Tamari, Orangensaft, Glühweingewürz und Rotwein vermengen und die Rotkrautstücke in der Auflaufform damit begießen. Die Rotkrautscheiben mit Salz bestreuen und zwei Zweige Rosmarin dazugeben.

4 Rotkraut im vorgeheizten Ofen bei 200 Grad Ober-/Unterhitze (180 Grad Umluft) rund 22–25 Minuten backen. Nach der Hälfte der Backzeit mit etwas Backpapier abdecken (damit es nicht verbrennt, sondern vielmehr schmort).

5 Kartoffeln schälen und in Stücke schneiden. Pastinaken waschen, den Strunkansatz entfernen und grob zerkleinern. Pastinaken- und Kartoffelstücke in reichlich gesalzenem Wasser rund 18–20 Minuten weich kochen.

6 Gekochte Pastinaken und Kartoffeln mit Margarine, Hefeflocken, Pflanzendrink und einer klein geschälten Knoblauchzehe sowie einer Prise Salz, frisch aufgeriebener Muskatnuss und einer kleinen Prise Zimt im Mixer pürieren.

7 Pastinakenpüree auf die Teller streichen, das geschmorte Rotkraut dazugeben und die karamellisierten Nüsse über dem Gericht verteilen. Einige Nadeln Rosmarin hacken und über das Püree streuen.

Zarte SCHOKO CRÊPES
mit heißen Orangenfilets

35 MIN. ZUBEREITUNGSZEIT
FÜR 4–5 PORTIONEN ODER 6–7 CRÊPES

SOJAFREI

Zutaten

300 g Dinkelmehl, Type 630
15 g (Back-)Kakao
1–2 TL Zimt
500 ml Haferdrink (oder Mandeldrink)
3 EL Ahornsirup
 + 1 EL Ahornsirup für die Orangen
2–3 EL Kokosöl
7 Orangen
1 Prise Kardamom
1 Sternanis
1 TL gemahlene Vanille
1/4 TL Johannisbrotkernmehl zum Andicken
2–3 EL dunkles Mandelmus zum Beträufeln
optional: Minze zum Garnieren

1 Dinkelmehl, Kakao, Zimt, Haferdrink und 3 EL Ahornsirup zu einem gleichmäßigen Pfannkuchenteig verrühren, 5 Minuten quellen lassen und nochmals durchrühren.

2 Wenige Tropfen Öl in einer flachen Pfanne erhitzen und mit einer Schöpfkelle den Teig für einen Pfannkuchen darin ausschwenken. Pfannkuchen ca. 2 Minuten anbraten, wenden und nochmals 1 Minute braten. Diesen Vorgang wiederholen, bis alle Pfannkuchen fertig gebacken sind. Die Pfannkuchen bis zum Servieren im Ofen warm halten.

3 Die Fruchtfleischfilets von 5 Orangen auslösen. Zwei Orangen auspressen.

4 Orangenfilets in einer Pfanne ohne Fett erhitzen. 1 EL Ahornsirup, Kardamom, Sternanis und Vanille dazugeben. Wenn die Filets heiß sind, mit Orangensaft ablöschen und ein bisschen Johannisbrotkernmehl zum Andicken einrühren.

5 Schokocrêpes mit den heißen Orangenfilets sowie mit Mandelmus beträufelt und Minze garniert servieren.

Traumhaftes SPEKULATIUS APFEL TIRAMISU aus dem Glas

20 MIN. ZUBEREITUNGSZEIT
FÜR 4 PORTIONEN

Zutaten

3 Äpfel (ca. 350–380 g)
4 EL Ahornsirup
4 TL Zitronensaft
optional: 1–2 Sternanis
1 große Prise Zimt
600 g Seidentofu
3–4 EL helles Mandelmus
   (oder Cashewmus)
140 g Margarine
5–6 EL Ahornsirup
1 TL Spekulatiusgewürz
1/2 TL Guarkernmehl
   (oder 1/2 TL Johannisbrotkernmehl)
150 g Spekulatiuskekse
1 kleine Tasse Kaffee
etwas Kakao zum Bestäuben
optional: Minze zum Garnieren

1 Äpfel vierteln, entkernen und würfeln.

2 Apfelwürfel mit Ahornsirup, Zitronensaft und Sternanis in einem Topf erwärmen und 2–3 Minuten leicht andünsten. Mit einer Prise Zimt würzen.

3 Für die Creme Seidentofu, Nussmus, Margarine, Ahornsirup, Spekulatiusgewürz und Johannisbrotkernmehl im Mixer pürieren. Creme 15 Minuten kalt stellen, damit sie leicht andickt.

4 Spekulatiuskekse zerbröseln und mit Kaffee beträufeln. Spekulatiusstückchen in ein Glas geben, die Apfelstücke einschichten und Creme dazugeben. Vorgang wiederholen und das Tiramisu mit Kakao bestäubt sowie mit Spekulatiuskeksen und Minze garniert servieren.

Genuss Tipp: *Dieses leckere Schichtdessert kannst du auch mit Birnen zubereiten.*

Festlicher STOLLEN

25 MIN. ZUBEREITUNGSZEIT
90 MIN. RUHEZEIT
40 MIN. BACKZEIT

FÜR 12 PORTIONEN ODER 1 STOLLEN

Zutaten

350 g Dinkelmehl, Type 630
85 g feiner Rohrzucker
50 g gemahlene Mandeln
1 Prise Salz
1 TL Zimt
1/2 TL Kardamom
85 ml Pflanzendrink
70 g Margarine
   + 25 g Margarine zum Bestreichen
7 g Trockenhefe (1 Päckchen)
40 g getrocknete Aprikosen
50 g kandierter Ingwer
20 g getrocknete Cranberries
Abrieb einer unbehandelten
   Bio-Zitrone
2 EL pflanzlicher Joghurt
4–5 EL Puderzucker

1 Mehl, Rohrzucker, gemahlene Mandeln, Salz, Zimt und Kardamom in einer Schüssel vermischen.

2 Pflanzendrink erwärmen und 70 g Margarine darin schmelzen lassen. Eine Vertiefung in das Mehl drücken, Pflanzendrink hineingießen und die Trockenhefe darin verrühren.

3 Trockenfrüchte hacken und mit Zitronenabrieb und Pflanzenjoghurt zum Mehl geben. Auf einer bemehlten Arbeitsfläche einen gleichmäßigen Teig kneten.

4 Den Teig abdecken und rund 60 Minuten gehen lassen.

5 Den Teig (er geht nicht stark auf) nochmals kräftig durchkneten, oval ausrollen und der Länge nach einschlagen, so dass die typische Stollenform entsteht.

6 Stollen auf das Backpapier setzen und nochmals 40 Minuten abgedeckt gehen lassen.

7 Stollen im vorgeheizten Ofen bei 175 Grad Ober-/Unterhitze (oder 160 Grad Umluft) ca. 45 Minuten backen. Den Stollen dabei mit Backpapier abdecken.

8 25 g Margarine schmelzen lassen, den noch heißen Stollen damit bestreichen und kräftig mit Puderzucker bestreuen.

Gefüllte BRATÄPFEL
mit Marzipan und Nüssen

25 MIN. ZUBEREITUNGSZEIT
20 MIN. BACKZEIT
FÜR 4 PORTIONEN

Für die Füllung
25 g Korinthen (oder Rosinen)
35 g Marzipanrohmasse
20 g glutenfreie Haferflocken
30 g Mandelblättchen (oder -stifte)
20 g gehackte Haselnüsse
Abrieb einer halben Bio-Zitrone
1 EL Zitronensaft
3–4 EL Ahornsirup
1 TL Zimt
24 g Margarine
  + etwas mehr zum Fetten der Form

Weitere Zutaten
4 große Äpfel (Boskop, Cox Orange oder Gravensteiner)
2–3 EL Zitronensaft
35 ml Apfel Cider (oder Apfelsaft)
optional: Puderzucker zum Bestäuben

Für die Vanillesauce
250 ml Haferdrink
3 EL Ahornsirup
15 g Speisestärke
1 EL helles Mandelmus (oder Cashewmus)
1/2 TL gemahlene Vanille
optional: 1 Msp. Kurkuma (zur Färbung)

1 Alle für die Füllung aufgelisteten Zutaten in eine Schüssel geben und mit den Händen gut verkneten.

2 Äpfel waschen und an der Unterseite, für einen besseren Stand, flach abschneiden. Die Oberseite der Äpfel ebenfalls abschneiden (ca. 1,5 –2 cm). Schnittflächen mit Zitronensaft einreiben. Die Äpfel mit einem Melonenlöffel entkernen und aushöhlen.

3 Füllung in die Äpfel geben und in eine gefettete Backform (28 cm Durchmesser) stellen. Die Apfel"hütchen" dazugeben, aber nicht aufsetzen. 100 ml Apfel Cider (oder Apfelsaft) in die Backform gießen.

4 Äpfel im vorgeheizten Ofen bei 190 Grad Ober-/Unterhitze (170 Grad Umluft) rund 20 Minuten backen.

5 Eine kleine Tasse Haferdrink zur Seite stellen. Restlichen Haferdrink erhitzen und Ahornsirup einrühren.

6 Speisestärke in einer Tasse mit dem kalten Pflanzendrink auflösen und zum heißen Pflanzendrink gießen. Mandelmus, Vanille und Kurkuma dazugeben. Pflanzendrink aufköcheln lassen und durchrühren. Sauce vor dem Servieren nochmals erwärmen.

7 Bratäpfel mit der Vanillesauce und mit Puderzucker bestäubt ofenheiß servieren.

DAS POWER DUO HINTER DIESEM BUCH

„Vegan kochen – Essen neu denken" ist das dritte Kochbuch der veganen Profiköchin und Foodbloggerin Lea Green. Sie lebt mit ihrer adoptierten Pudel Hündin „Holly" in München. Lea liebt es, zu zeigen, wie vielfältig, bunt und unkompliziert die vegane Küche ist. Sie kocht im Einklang mit den Jahreszeiten und ihre Rezepte sind stets einfach, gelingsicher und ohne künstliche Ersatzprodukte.

Lea lebt schon seit 2012 vegan und veröffentlicht seit 2013 auf ihrem Foodblog VEGGIES (www.veggies.de) regelmäßig vegane Rezepte und Küchentricks. Darüber hinaus ist sie deutschlandweit auf Messen und Kochshows zu sehen. 2019 gründete Lea das kostenlose Online-Magazin VEGAN EN VOGUE (www.vegan-en-vogue.de), das zweimal jährlich saisonale Rezeptideen, Lifestyle-Inspirationen, Buchvorstellungen, Produktneuheiten und Interviews präsentiert.

Der Erfolg des Magazins ist auch maßgeblich Art Directorin Anabell Jung zu verdanken (www.junges-design.com). Sie ist es, die den einzigartigen Stil und das hochwertige Layout des Magazins entwickelt hat und Leas Foodfotos zum „Anbeißen schön" in Szene setzt. Natürlich hat sich Lea auch für dieses Kochbuch mit Anabell zusammengetan, um ihren Lesern die vielen wunderbaren Rezepte in einem außergewöhnlich schönen Look präsentieren zu können.

Foto: Alexander Villena

Foto: Enrico Suttner